Ludwig Büchner

Zwei gekrönte Freidenker

ein Bild aus der Vergangenheit als Spiegel für die Gegenwart

Ludwig Büchner

Zwei gekrönte Freidenker
ein Bild aus der Vergangenheit als Spiegel für die Gegenwart

ISBN/EAN: 9783744618649

Hergestellt in Europa, USA, Kanada, Australien, Japan

Cover: Foto ©ninafisch / pixelio.de

Weitere Bücher finden Sie auf **www.hansebooks.com**

Zwei gekrönte Freidenker.

Ein Bild aus der Vergangenheit als Spiegel für die Gegenwart.

Dem deutschen Volke gewidmet

von

Prof. Dr. Ludwig Büchner,
Verfasser von „Kraft und Stoff" u. s. w., u. s. w.

Leipzig.
Verlag von Theodor Thomas.
1890.

Wenn die Aerzte eine s. g. „Anamnese" erheben, d. h. nach der Geschichte einer Krankheit und ihren veranlassenden Momenten forschen, so pflegen sie einen Unterschied zu machen zwischen näheren und zwischen entfernteren Ursachen. Unter entfernteren Ursachen versteht man solche, welche die Krankheit von langer Hand vorbereitet oder eingeleitet haben, während nähere Ursachen solche sind, durch welche ihr unmittelbarer Ausbruch herbeigeführt worden ist.

Ganz dieselbe Art der Betrachtung können wir auch auf Politik und Geschichte und auf deren große Ereignisse anwenden, welche letzteren ihre Entstehung theils entfernteren, theils näheren Ursachen verdanken. Die ersteren bereiten sie bald langsamer bald schneller vor, die letzteren bringen sie zum unmittelbaren Ausbruch. Wir können daher bei jedem solchem Ereigniß, gradeso wie bei einer bestimmten Krankheit, uns die Frage vorlegen, durch welche entfernteren und durch welche näheren Ursachen dasselbe herbeigeführt wurde.

Wenden wir diese Gesichtspunkte auf die großartige Entwicklung des deutschen Vaterlandes in den letzten zwei Jahrzehnten an, so ist es an der Hand der Geschichte nicht schwer, zu dem Schlusse zu kommen, daß als die entferntere

Urfache diefer Entwicklung jener große, leider viel zu fehr vergeffene freidenkerifche König des vorigen Jahrhunderts angefehen werden muß, deffen bekannter Wahlfpruch war: „Als König leben, denken und fterben", und von dem fein Nachfolger und glücklicher Erbe feines Ruhmes, der Neubegründer des deutfchen Kaiferreiches, Wilhelm I., felbft gefagt hat: „Alles, was wir Großes und Gutes heute in unferm Lande bewundern, ift auf den Fundamenten gegründet, die er gelegt hat."

Denn ohne die Begründung der Größe des preußifchen Staates durch Friedrich den Zweiten, mit dem wohlverdienten Beinamen des „Einzigen" oder „Großen", würde wohl niemals oder kaum jemals das großartige Refultat der Gegenwart, die Begründung der Macht, Größe und Einheit des deutfchen Vaterlandes, möglich geworden fein. —

Als im Jahre 1740 Friedrich der Zweite in einem Alter von achtundzwanzig Jahren den preußifchen Königsthron beftieg, zählte Preußen zwei und eine Viertel Million Einwohner auf 120000 Quadratkilometer Flächenraum. Bei feinem Tode im Jahre 1786 zählte derfelbe Staat mehr als fechs Millionen Einwohner auf einem Flächenraum von beinahe 200000 Quadratkilometer, während der preußifche Staat jetzt etwa achtundzwanzig Millionen Einwohner auf 350000 Quadratkilometer fein eigen nennt. Dabei hinterließ Friedrich der Große bei feinem Tode trotz der erfchöpfenden Kriege, welche er hatte führen müffen, in Folge weifer Sparfamkeit einen Staatsfchatz von nicht weniger als fiebzig Millionen preußifche Thaler, ein fchlagfertiges Heer von 200000 Mann und einen kräftig emporgehobenen, in hohem Anfehen ftehenden Staat. Das kleine

Preußen von damals wäre durch seine vielen Neider und Feinde zweifellos längst vernichtet worden ohne die Thatkraft und Genialität seines großen Königs, welcher schließlich den Sieg über die Ueberzahl seiner Gegner davontrug.

Aber dieser große Mann war nicht bloß groß als Feldherr und Politiker, sondern er war auch ein großer Gelehrter, Philosoph, Schriftsteller, Dichter und Komponist in einer Person. Trotzdem er so viele Jahre seines Lebens genöthigt war, Krieg zu führen, hat er nicht weniger als zwanzig Bände Schriften hinterlassen, welche eine Fundgrube der besten und edelsten Gedanken bilden.

Durch so große Leistungen ist Friedrich Gegenstand der Bewunderung sowohl der Mit= wie der Nachwelt geworden. Man hat ihm den Beinamen des Großen oder Einzigen gegeben, obgleich (wie es mir scheinen will) die Größe seiner Person sowohl wie die Wichtigkeit seines Daseins für Preußen und Deutschland noch lange nicht hinreichend anerkannt oder gewürdigt ist. Man scheint den großen Mann einigermaßen vergessen zu haben über den gewaltigen historischen Ereignissen, welche auf seinen Tod folgten, über der großen französischen Revolution und der daran sich anreihenden schmachvollen Unterwerfung Preußens durch die siegreiche Hand des französischen Welteroberers.

Aber gegenwärtig, wo wir die Früchte seines Wirkens und Daseins genießen, dürfte es an der Zeit sein, wieder auf ihn zurückzukommen und sein Gedächtniß in uns zurückzurufen — namentlich in einer Eigenschaft, welche einen diametralen Gegensatz zur Gegenwart bildet und welche Friedrich den Großen für alle nicht bloß in politischer, sondern auch in religiöser und philosophischer Beziehung freigesinnte Geister doppelt interessant und wichtig erscheinen läßt — es ist seine Eigenschaft als Freigeist und Freidenker! Friedrich der Große war im Einklang mit dem Geiste seiner Zeit und seines Jahrhunderts, welches bekanntlich den Namen des Jahrhunderts der Aufklärung trägt, vollkommner Freigeist und Freidenker, und zwar in so entschieden radikalem Sinne, daß gar Mancher, der sich heute einen Freidenker nennt, kaum wagen wird, seinem Gedankenfluge ganz zu folgen.

Wenn schon Freidenker, welche ihre Meinung offen zu bekennen wagen, an und für sich selten sind, so sind sie noch seltner unter großen Herrschern oder gekrönten Häuptern; und wenn ich die Geschichte mit einem raschen Blick überfliege, so sehe ich mich kaum im Stande, sieben oder acht große Fürsten zu nennen, welche mit Recht auf diesen ehrenvollen Namen Anspruch machen. Es sind dieses u. A. der römische Kaiser Mark Aurel, der römisch-deutsche Kaiser Friedrich II., der arabische Chalif Al-Mamun, der indische Kaiser Akbar und sein großer Vorfahre, der wilde Eroberer Timur oder Tamerlan, Katharina die Zweite von Rußland, Friedrich der Große und Josef der Zweite von Oesterreich. Alle diese genannten Fürsten haben trotz oder vielleicht gerade wegen ihrer Freidenkerei die von ihnen beherrschten Staaten auf den höchsten Gipfel des Ruhmes und der Wohlfahrt emporgehoben — vielleicht mit einziger Ausnahme Josef's, welcher durch einen frühen (wahrscheinlich von seinen jesuitischen Gegnern oder Todfeinden veranlaßten) Tod an der leider etwas überstürzten Ausführung seiner hochfliegenden Pläne gehindert wurde.

Die Freidenkerei ist bei Friedrich dem Großen um so

mehr anzuerkennen, als er eine höchst mangelhafte und extrem pietistische Erziehung erhielt, und als seine Jugend unter den trübseligsten Eindrücken verlief. Von seinem tyrannischen, grausamen und jähzornigen Vater (Friedrich Wilhelm I.), welcher ihn vollständig verkannte und körperlich wie geistig auf die empörendste Weise mißhandelte, während seine gute Mutter zu schwach war, um dem entgegenzuwirken, konnte er nur Willensstärke, praktischen Verstand, Arbeitsamkeit und Anlage zur Sparsamkeit geerbt haben, während für seine hohen Geistesgaben eine andre Quelle der Erblichkeit aufgesucht werden muß. Diese Quelle finden wir in seiner Großmutter, der berühmten philosophischen Königin von Preußen, Sophie Charlotte, der Gemahlin König Friedrich's I. (1668—1705), welche selbst wieder die Tochter einer geistig hochstehenden Mutter war. In ihrem Schlosse zu Charlottenburg, welches die philosophische Königin aus dem kleinen Dorfe Lützelburg bei Berlin geschaffen hatte, und welches neuerdings bei Gelegenheit des tragischen Endes Kaiser Friedrich's III. wieder die allgemeine Aufmerksamkeit auf sich gezogen hat, empfing Sophie Charlotte die damaligen Vertreter der verschiedenen philosophischen Systeme, namentlich Leibniz und den englischen Freidenker Toland, den Begründer des philosophischen Monismus oder der Einheit von Kraft und Stoff, von Geist und Materie, welcher seine berühmten Briefe „An Serena" (unter welchem Namen er die Königin verstand) an sie gerichtet hat. Toland sagt von ihr, daß er nie einem schnelleren und schärferen Geist begegnet sei. Dabei soll sie in ihrer Jugend wunderbar schön gewesen sein. Sie veranlaßte ihren Mann zur Gründung der Verliner Akademie, welche später so Vieles und Großes für den Fortschritt der Wissenschaften geleistet hat. Sie hieß auch die republikanische Königin, weil sie eine entschiedene Feindin jedes Hofceremoniells war und sich dadurch oft in den größten Widerspruch zu ihrer Umgebung setzte. So soll sie während der Krönungsfeierlichkeit in Königsberg dadurch, daß sie eine Prise Schnupftabak nahm, allgemeines Entsetzen hervorgerufen haben. Nach allen Berichten über die merkwürdige Frau muß sie in ihren geistigen Anlagen, sowie in ihren Ansichten die größte Aehnlichkeit mit ihrem großen Enkel gehabt haben. Der Vater dagegen, welcher nur seinem eignen Temperament und fremden Einflüsterungen folgte, verstand seinen großen Sohn so wenig, daß er die schärfsten Aeußerungen über ihn that, ihn geradezu einen „Schurken" und „Bösewicht" nannte und bei einer schweren Erkrankung des Sohnes an den Rand des ihm darüber zugegangenen Berichtes schrieb, er würde nicht sterben; denn „Unkraut vergehet nit". Er würde bei Gelegenheit eines Wortwechsels nach dem mißlungenen Fluchtversuch Friedrich's den eignen Sohn ermordet haben, wenn sich nicht der General Mosel rechtzeitig dazwischen geworfen hätte. Bei einer früheren Gelegenheit sagte er von ihm, der später einer der größten Kriegshelden aller Zeiten werden sollte, in Anspielung auf seine Liebhaberei für das Flötenspiel, er sei ein „Querpfeifer und Poet", aber kein Soldat. Er verbot dem genialen Jüngling, der schon mit zehn Jahren, wie er selbst erzählt, einen Roman verfaßte und mit sechzehn Jahren die ersten Verse schrieb, und der von einem verzehrenden Wissensdurst gepeinigt war, Musik, Putz, Latein, Bücher, außer der Bibel, dem Gesangbuch und Aehnlichem — überhaupt jede feinere Bildung und ließ ihn von seinen Kreaturen fortwährend auf das Peinlichste überwachen und einem Drill-Exercitium unterwerfen. Alte Papiere und Akten sollten seine tägliche Lektüre bilden. Dennoch ließ sich der so sehr mißhandelte und mehrmals an den Rand der Verzweiflung gebrachte Sohn niemals ein unehrerbietiges Wort über seinen Vater entschlüpfen und ließ sich sogar von ihm zu einer ihm aufs Aeußerste verhaßten Heirath zwingen, obgleich er in einem Augenblick des Unmuths geäußert hatte, daß er lieber das gemeinste Weibsstück von Berlin haben wolle, als „eine Betschwester mit einem Gesicht wie ein halb Dutzend Mucker zusammengenommen". Immerhin hatte die unwürdige Behandlung, wie nicht anders möglich, einen heimlichen Groll in seinem Herzen zurückgelassen, der sich gelegentlich in seinen Briefen an seine geliebte Schwester Wilhelmine, Markgräfin von Baireuth, Luft machte. Erst gegen das Ende seines Lebens scheint dem väterlichen Peiniger eine bessere Erkenntniß gekommen zu sein, was schließlich eine vollständige Aussöhnung des so schwer gekränkten und trotzdem versöhnlich gestimmten Sohnes mit seinem tyrannischen Vater zur Folge hatte.

Es war ein großes Glück für Friedrich den Großen, daß er, nach seinem durch die beispiellose Härte seines Vaters veranlaßten Fluchtversuch nach England und nach vorheriger harter Gefangenschaft auf der Festung Küstrin, in welcher er wie der gemeinste Verbrecher behandelt wurde, durch sein Exil auf dem Schlosse Rheinsberg ein Asyl fand, wo er Zeit hatte, sich auf seinen hohen Beruf in stiller Zurückgezogenheit vorzubereiten. Vorher aber hatte er noch alle Qualen der Todesangst auszustehen gehabt, da sein herzloser Vater allen Ernstes die Hinrichtung des eignen Sohnes wegen Desertion und Fahnenflucht geplant hatte, und seinen Freund Katte, der ihm bei der Flucht behülflich zu sein versprochen hatte, wirklich unter den Fenstern seines Gefängnisses hinrichten und den Kronprinzen zum Zusehen zwingen ließ. Dieser gräßliche Vorgang, als dessen Urheber er sich selbst anklagen mußte, warf einen Schatten auf Friedrich's ganzes späteres Leben und hat vielleicht mit zu jenen düstren Stimmungen beigetragen, welche den großen König von Zeit zu Zeit überkamen. Auch die üble und niederdrückende Behandlung, welche er von seinem Vater hatte erdulden müssen, nagte noch in spätern Jahren an seiner Seele. „Glauben Sie mir, mein Lieber", sagte er zu seinem Vorleser de Catt, „wenn ich in meiner Jugend ermuthigt statt gedemüthigt worden wäre, so wäre ich besser daran als ich bin. Aber meine Erziehung war verfehlt. Ich habe sie selbst nachholen müssen, was mir nur zum Theil geglückt ist." Bei einer andern Gelegenheit that er gegen de Catt die schmerzliche Aeußerung: „Selbst wenn ich einmal etwas Angenehmes erlebe, tritt stets das Bild meines Vaters dazwischen, um mir die Freude zu stören. Wie hart hat er mich behandelt! Mein Lieber, Sie können sich trotz meiner häufigen Erzählungen dennoch keine Vorstellung davon machen."

In Rheinsberg studirte Friedrich der Große während der vier Jahre seines Aufenthaltes daselbst (1736—1740) Philosophie, Geschichte, Literatur, Sprachen, Kriegskunst, Musik und sogar Dichtkunst. Ein heiteres gesellschaftliches

Zusammenleben erhellte zugleich sein durch die bitteren Erfahrungen seiner ersten Jugend verdüstertes Gemüth. „Ich habe noch nie so glückliche Tage verlebt, wie hier", so schreibt er nach dem ersten Vierteljahr seines Rheinsberger Aufenthaltes an seinen alten Freund Suhm. „Ich lebe jetzt wie ein Mensch und ziehe dieses Leben der majestätischen Gewichtigkeit und dem tyrannischen Zug der Höfe weitaus vor. Ein Leben nach der Elle ist nichts für mich." Neben den ernsten Beschäftigungen gab er aber auch heiteren und scherzhaften Zerstreuungen ihr Recht. „Um uns", sagt er, „am Tollhause glücklich vorbeikommen zu lassen, müssen Ernst und Scherz sich paaren." Im Studium war er so eifrig, daß er schon um vier Uhr früh sich erhob, nach sechsstündiger Lektüre zwei Stunden exercirte, Nachmittags wieder zu den Büchern zurückkehrte und sogar den tollen Versuch unternahm, sich des Schlafes zu entwöhnen. Seinen Aerzten, die ihm eine solche Lebensweise widerriethen, erklärte er, lieber am Körper als am Geiste krank sein zu wollen. Zugleich genügte er seinem starken Gefühl für Geselligkeit und Freundschaft durch Heranziehung von Männern, wie Jordan, Keyserlingk, Fouqué, Stille u. A. „Denn ein Mensch, der die Wissenschaften pflegt und ohne Freunde lebt", so erklärte er, „ist ein gelehrter Währwolf." So wurde Rheinsberg neben seiner Eigenschaft als Musensitz zugleich ein Tempel der Freundschaft.

Wer als Gast in Rheinsberg zugelassen wurde, wußte nicht genug von der liebenswürdigen und ungezwungenen Art zu berichten, in welcher der Kronprinz den Wirth seines Hauses machte. Alle Welt war von ihm entzückt. „Alle Beschäftigungen und Vergnügungen des Kronprinzen", schreibt einer der Rheinsberger Freunde, Baron Bielfeld, „verrathen den Mann von Geist. Sein Gespräch bei der Tafel ist unvergleichlich — — sein Witz gleicht dem nie verlöschenden Feuer der Vesta. Er duldet den Widerspruch — — er scherzt und neckt zuweilen, doch ohne Bitterkeit und ohne eine witzige Erwiderung übel aufzunehmen", u. s. w. Auch erkannten Tieferblickende schon damals die ganze Kraft seines hochfliegenden Geistes. Schon 1734, also bereits zwei Jahre vor dem Rheinsberger Aufenthalt, sah Graf Manteuffel, der später die Rolle eines von Oesterreich bezahlten Spions bei ihm spielte, klar, daß der Thronwechsel eine große Umwälzung herbeiführen werde." „Der Erbe", sagte er, „sei viel hochmüthiger, viel lebhafter, viel kühner, viel verschlagener und viel unberechenbarer geartet, als der jetzige König." (Koser, Friedrich der Große als Kronprinz, S. 170). Ein ähnliches Urtheil fällte von Wolden, als er noch zur Zeit des Küstriner Aufenthaltes an Grumbkow schrieb: „Möge nur der gütige Gott dem Könige das Leben noch auf einige Jahre fristen, damit der Kronprinz zur Reife gelangt; und dann wette ich, daß er einer der größten Fürsten werden wird, welche das brandenburgische Haus jemals hervorgebracht hat."

Am meisten beschäftigte sich Friedrich in Rheinsberg mit Philosophie und darnach mit Religion, über die er sich jedoch mit Rücksicht auf seinen streng lutherisch gesinnten Vater nur sehr vorsichtig äußern durfte. Doch wird berichtet, daß er von einem lutherischen Pabstthum ebensowenig wissen wollte, als von einem römischen, und daß er im Gespräch mit einem Berliner Geistlichen die Aeußerung that, man dürfe den Predigern nicht blinden Glauben schenken, sondern müsse jeden seines eignen Glaubens leben lassen — eine Meinung, der er bekanntlich als König einen noch weit bestimmteren oder energischeren, inzwischen sprichwörtlich gewordenen Ausdruck gegeben hat.

Daß Friedrich neben seinen rein geistigen Beschäftigungen auch mit vollem Bewußtsein an die Pflichten seines künftigen hohen Berufs dachte, ist zweifellos. Schon im Jahre 1734, als sein Vater krank darniederlag, hatte er sich gegen vertraute Freunde geäußert, wie er sein künftiges Regiment einzurichten gedenke. Zu Alexander Wartensleben that er die Aeußerung: „Ja, mein liebes Gräflein, ich werde eines Tages viel Arbeit haben, aber ich hoffe damit fertig zu werden, und es soll doch eine Lust sein, ganz allein in Preußen König zu sein."

Mit dem Aufenthalte in Rheinsberg begann auch jener berühmte Briefwechsel mit dem großen französischen Dichter und Denker Voltaire, welcher trotz des später eingetretenen persönlichen Zerwürfnisses bis zum Tode Voltaire's, also während zweiundvierzig Jahren, andauerte, und welcher eine reiche Quelle für die Beurtheilung von Friedrich's reicher Gedankenwelt bildet. Friedrich hatte sich schon lange vorher mit den Schriften Voltaire's, der damals an der Spitze der geistigen Bildung Frankreichs stand, vertraut gemacht und verehrte in ihm ebensowohl den freien Denker, wie den genialen Dichter und Schriftsteller. Ganz besonders aber dankte er Voltaire für den unermüdlichen Kampf, den derselbe mit allen Waffen des Ernstes und Spottes gegen die verjährten Vorurtheile im Bereich des Wissens und Glaubens, sowie im Interesse der verfolgten Unschuld führte. Voltaire sprach eben in vollendeter Form dasjenige aus, was Friedrich's ganzes inneres Wesen erfüllte, und daher die beinahe an Schwärmerei grenzende Verehrung des Königssohnes für den geistvollen Schriftsteller! „O warum", so schreibt er an Voltaire, „wählt der Ruhm mich nicht aus, Ihre glückliche Thätigkeit zu belohnen? Ich würde nichts weiter fürchten, als daß unser Land, welches wenig Lorbeeren baut, deren nicht so viel hervorbringen würde, als Ihre Werke verdienen."

Aber auch positive Früchte reifte neben mancherlei poetischen Versuchen, die dem Urtheil Voltaire's unterworfen wurden, der Rheinsberger Aufenthalt. Die eine dieser Früchte ist die ausgezeichnete Abhandlung über den gegenwärtigen Zustand des europäischen Staatensystems, in welcher Friedrich mit einer für einen vierundzwanzigjährigen Jüngling erstaunlichen Klarheit und Schärfe die unheilvollen politischen Consequenzen in das Auge faßt, welche aus der damals vollzogenen Verbindung zwischen Frankreich und Oesterreich, namentlich für Deutschland, erwachsen mußten. Die unersättliche Vergrößerungssucht Frankreichs erfährt hierbei eine ebenso scharfe Kritik, wie das Streben Oesterreichs nach absoluter Herrschaft über Deutschland. Die Schrift schließt mit einer eindringlichen Mahnung an die Fürsten, daß nicht die Völker für sie, sondern daß umgekehrt die Fürsten für die Völker da seien. Dieselbe wurde übrigens damals aus politischen Gründen nicht veröffentlicht und ward erst in seinen hinterlassenen Werken bekannt.

Die zweite jener Früchte war seine berühmte Schrift „Anti=Machiavell", in welcher der Verfasser die jesuitischen Grundsätze des großen Italieners bekämpfte und den Satz vertheidigte, daß der Fürst nur der erste Diener des Volkes und Staates sein dürfe. Es ist, wie sich Koser (a. a. O.) ausdrückt, „ein politisches Glaubensbekenntniß voll hohen königlichen Selbstbewußtseins und Pflichtgefühls, ein Fürstenspiegel, der nur ein Idealbild zeigen soll und doch schon die Zukunft oder des Ideales Verwirklichung schauen läßt." Ganz verkehrt ist nach Friedrich die Meinung, daß ein Fürst besser fahren wird, wenn er sich gefürchtet macht, als wenn er geliebt wird. Ein Fürst, der die Gabe hat sich lieben zu lassen, wird nicht über Sklaven herrschen, sondern über freie Herzen. Dabei sollen die Fürsten zugleich Philosophen sein. Diejenigen, welche es nicht sind, werden leicht ungeduldig, stolpern über Kleinigkeiten, ereifern sich über die Schwächen ihrer Diener und wissen nicht, daß es nichts Vollkommnes in der Welt gibt. Aber Kleinlichkeiten dürfen den Blick derer nicht trüben, welche ganze Völker lenken sollen. Für sie gilt es, auf das Große zu schauen, das Kleinere der Hauptsache zu opfern und das eigne Ich über den Interessen des Gemeinwohles zu vergessen.

Leider konnte die merkwürdige Schrift nur in sehr abgeschwächter Gestalt der Oeffentlichkeit übergeben werden.

Aber schon im Zellengefängniß zu Küstrin hatte der damals achtzehnjährige Kronprinz seinen tiefen politischen Blick an den Tag gelegt durch einen Aufsatz über die Gegenwart und Zukunft des preußischen Staates, in welchem die Zerrissenheit des preußischen Staatskörpers beklagt und die Nothwendigkeit dargelegt wurde, denselben durch Erwerbung des polnischen, einstmals zum deutschen Reiche gehörigen Preußen, des schwedischen Vorpommern, der Länder Jülich und Berg u. s. w. abzurunden und zu kräftigen.

Denn „wenn man nicht vorwärts geht, geht man zurück."
Auch der Beruf Preußens, als protestantische Vormacht den
Protestantismus in Deutschland zu schützen, wird darin bereits deutlich ausgesprochen. Alles dieses ging später unter
der Regierung Friedrich's des Großen buchstäblich in Erfüllung, wie es bereits der berühmte österreichische Prinz
Eugen, als ihm Seckendorf das merkwürdige Schriftstück
mitgetheilt, gefürchtet hatte. Dieser junge Herr, so hatte
sich Eugen damals geäußert, dürfte mit der Zeit seinen
Nachbarn sehr gefährlich werden, wenn er nicht von seinen
dermaligen Principien abgebracht wird.

Im Jahre 1740 bestieg Friedrich der Große nach dem
Tode seines Vaters als achtundzwanzigjähriger Fürst den
Thron, und seine allerersten Regierungshandlungen ließen
sofort die Klaue des Löwen erkennen. Die Genossen seiner
Jugendstreiche und seine Zechbrüder oder Jugendgünstlinge
aus der Ruppiner Zeit verabschiedete er sofort in ähnlicher
Weise, wie es Shakespeare Heinrich den Fünften von England mit Fallstaff und dessen Genossen thun läßt. Nur
die Verwandten des unglücklichen Katt, der durch ihn in
den Tod getrieben worden war, suchte er auf jede Weise
zu entschädigen. Seinen Beamten befahl er bei seiner ersten
Ansprache, nur das Wohl des Volkes im Auge zu haben
und seiner selbst nicht zu schonen, wenn er jemals dieses
Wohl außer Augen setzen würde. Liberale Maßregeln jeder
Art drängten einander in rascher Folge. Zunächst wurde
die Censur für Zeitungen, welchen Friedrich eine unbe-
schränkte Freiheit gelassen wissen wollte, aufgehoben. Sein
berühmtes Wort „Gazetten dürfen nicht genirt werden" ist
beinahe sprichwörtlich geworden. Weiter wurde die von

seinem Großvater gegründete, aber unter der Regierung seines Vaters stark vernachlässigte Berliner Akademie der Wissenschaften wieder auf ihre frühere Höhe gebracht; und wurde der berühmte Popularphilosoph Professor Chr. Wolff, mit dessen Philosophie sich Friedrich seit lange genau vertraut gemacht hatte, und der wegen seiner freieren Richtung durch Friedrich's Vater seines Amtes entsetzt worden war, wieder nach Halle als Geheimerath, Vicekanzler der Universität und Professor des Natur= und Völkerrechts zurückberufen. Der Freimaurerorden, in welchen sich Friedrich schon 1738 bei Gelegenheit der Rückkehr von einer Reise an den Rhein in Braunschweig heimlich hatte aufnehmen lassen, wurde officiell anerkannt, und Friedrich verschmähte es nicht, in demselben die Rolle eines Meisters zu spielen. Weiter sorgte derselbe für Verbesserung der Rechtspflege, insbesondere durch Abschaffung der Tortur, welche er für ebenso unnütz wie grausam erklärte. Ueberall war er bemüht, die Wunden zu heilen, welche die eherne Hand seines Vorgängers der Menschlichkeit, der Wissenschaft und der Kunst geschlagen hatte. Aber das wichtigste und hervorragendste Verdienst erwarb sich Friedrich durch seine Bethätigung des Princips absolutester Toleranz in religiösen Dingen, welcher Toleranz er einen klassischen Ausdruck gab in dem berühmt gewordenen Wort seines ersten Regierungsrescripts: „In meinen Staaten soll Jeder nach seiner Façon selig werden."

Das Kirchengebet für den König wurde im liberalen Sinne umgeändert und den Protestanten Schutz gegen die Angriffe der Katholiken und Jesuiten, welchen letzteren er manchen ergötzlichen Streich spielte, gewährt. Endlich suchte

Friedrich die Bühne, welche er mit vollem Rechte als ein Hauptmittel für die Bildung des Volkes und der Gesellschaft ansah, möglichst zu heben. Er schrieb sogar selbst mehrere Operntexte und componirte verschiedene Musikstücke, was ihn aber nicht abhielt, seine größte Aufmerksamkeit der äußeren Politik zuzuwenden und dort dieselbe Kraft und Energie, wie in den inneren Angelegenheiten, zu entfalten. Auch bereiste er das Land, um sich mit dessen Bedürfnissen und Einrichtungen nach allen Seiten vertraut zu machen.

Bestimmend für die eigne innere Entwicklung Friedrich's wurde der Einfluß Voltaire's, des Hauptes der französischen Freidenker, mit welchem er schon im September 1740, also noch im Jahre seines Regierungsantritts, eine persönliche Zusammenkunft in Cleve veranstaltete. Er hegte für denselben, wie bereits bemerkt, eine an Schwärmerei grenzende Verehrung und nennt ihn den ersten Schriftsteller aller Zeiten, den Apostel der Toleranz, das schönste Genie, welches Frankreich hervorgebracht habe. Besonders hoch schätzte er seine Verdienste im Interesse religiöser Duldung und um die Vertheidigung ungerecht durch die Kirche Verfolgter. Zeller in seiner Schrift über „Friedrich den Großen als Philosoph" erzählt, seine Schwärmerei sei so weit gegangen, daß er jeden Morgen ein Gebet an Voltaire gerichtet habe. Schon 1743 erschien Voltaire in Berlin und bildete eine Zeit lang daselbst den Mittelpunkt des geistigen Lebens. Aber erst 1750 gelang es Friedrich, den berühmten Schriftsteller mit großem Gehalt und Titel ganz nach Berlin zu ziehen und dadurch dem Berliner geistigen Leben einen hohen Aufschwung zu geben. Allerdings dauerte die Anwesenheit Voltaire's in Berlin nur drei Jahre; es erfolgte alsdann der bekannte Bruch, der aber, wie bereits mitgetheilt, nicht verhinderte, daß der Briefwechsel zwischen den beiden großen Männern bis zum Tode Voltaire's fortgesetzt wurde. Friedrich schätzte an letzterem mehr den Geist und die philosophische Bildung, als den Charakter, über welchen letzteren er sich mitunter zu den schärfsten Aeußerungen hinreißen ließ. „Sie müssen gestehen", sagte er zu seinem Vorleser de Catt, „daß der Mann göttlich schreibt. Wenn sein Herz so groß wäre wie sein Geist, was wäre das für ein Mensch! Wir alle würden klein neben ihm sein." Und ein ander Mal: „Ach, mein Lieber, wie Schade ist es, daß ein so großer Geist einen so verwünschten Charakter hat." Uebrigens erscheint Friedrich's Verfahren gegen Voltaire bei dessen Rückreise von Berlin und Aufenthalt in Frankfurt a. M., wegen dessen der große König oft hart getadelt worden ist, nur um beswillen so hart, weil sein Bevollmächtigter Freytag seine Befehle überschritt. „Voltaire", sagte Friedrich zu de Catt, „hat auf das Frechste gelogen, als er die unwürdige Behandlung, die er in Frankfurt erfuhr, auf meine Rechnung schrieb."

Als Voltaire (1778) starb, verfaßte sein hoher Gönner eine Gedächtnißrede auf ihn, welche in der Berliner Akademie verlesen wurde. „So sehr sich auch", schreibt Friedrich am 1. Mai 1780 an d'Alembert, „Ihre theologische Brut Mühe gibt, Voltaire nach dem Tode zu beschimpfen, so sehe ich nichts weiter darin, als das ohnmächtige Streben einer neidischen Wuth, welche ihre eignen Urheber mit Schande bedeckt. Ich beginne jetzt in Berlin die merkwürdige Unterhandlung einer Seelenmesse für Voltaire, und obschon ich keinen Begriff von einer unsterblichen Seele habe, so wird man doch für die seinige eine Messe lesen." Ueber die bekannte Beschimpfung der Leiche Voltaire's durch fanatische Mönche war Friedrich außer sich und sprach den Wunsch aus, ihn „an diesen Schurken rächen" zu können.

Schon im ersten Jahre seiner Regierung war Friedrich genöthigt, im Interesse seiner schlesischen Anrechte und der schlesischen Protestanten den ersten schlesischen Krieg gegen das treulose und streng katholische Oesterreich zu führen. Aber dieses verhinderte ihn nicht, während des Krieges fortwährend an seiner geistigen Ausbildung zu arbeiten. Mitten im Getümmel dieses und der folgenden Kriege führte er eine ausgewählte Bibliothek bei sich und studirte die Schriften der alten und neuen Klassiker, wie Aristoteles, Xenophon, Cäsar, Cicero, Sallust, Tacitus, Ovid, Lucian, Horaz, Bossuet, Bayle, Racine, Voltaire, Rousseau u. s. w.

Nach der glücklichen Beendigung des zweiten schlesischen Krieges im Jahre 1745 baute er sich nach den Rheinsberger Plänen und Erfahrungen in der anmuthigen Potsdamer Gegend sein berühmtes Lustschloß „Sanssouci" (ohne Sorgen), in welchem er sich, soweit ihm die vielfachen Kriege und Regierungsgeschäfte Ruhe ließen, dem Studium, den Musen und der Selbstbetrachtung widmete. Theils weil unter diesen Studien die Philosophie eine Hauptrolle spielte, theils seiner eignen philosophischen Richtung wegen hat er sich selbst den Namen des „Philosophen von Sanssouci" beigelegt; und alle seine Schriften, die bei seinen Lebzeiten dem Druck übergeben wurden, tragen, ebenso wie seine freundschaftlichen Briefe, diesen später so berühmt gewordenen Namen. Man glaubt gewöhnlich, daß der Name auf das Schloß selbst als Aufenthalt der Ruhe Bezug habe;

aber für Friedrich hatte er eine tiefere, geheime Bedeutung. Er hatte sich zur Seite des Schlosses, noch ehe dessen Grund gelegt war, eine Gruft bauen lassen, die dereinst seinen Leichnam aufnehmen sollte, und deren Dasein Niemand ahnen konnte, da sie durch die Bildsäule einer spielenden Flora verhüllt war. Hier hoffte der große Mann nach seinem Tode jene ewige Ruhe und Sorglosigkeit zu finden, welche ihm während seines vielbewegten Lebens versagt war. In einem seiner Gedichte spielt er auf den Platz an als das „Land der ewigen Ruhe"; und in einem Gedicht an seine Schwester Wilhelmine spricht er von dem Aufenthalt des „ewigen Friedens", den er dort zu finden hoffe.

Die Friedensjahre von 1745—1756 benutzte Friedrich in ausgiebigster Weise, um für die innere Wohlfahrt der seiner Krone untergebenen Länder zu sorgen. Hebung der Industrie, der Landescultur, des Feldbaus, Einführung des Kartoffelbaus, Gründung eines freien Bauernstandes, Anlage von Kanälen, Beförderung des Bergbaus u. s. w. gingen Hand in Hand mit Reform der Rechtspflege und Herstellung eines unabhängigen Richterstandes, Zurückweisung der Anmaßungen der geistlichen Consistorien, Förderung wissenschaftlicher Bestrebungen, Hebung der Berliner Akademie, des Volksunterrichts u. s. w.

Im Jahre 1756 begann jener blutige siebenjährige Krieg, in welchem das kleine Preußen mit den vier größten Mächten jener Zeit, Oesterreich, Frankreich, Rußland und Deutsches Reich, zu kämpfen hatte, und welcher dasselbe an den Rand des Abgrundes brachte und vernichtet haben würde, wenn nicht im letzten Augenblick ein glücklicher Zufall oder der Tod der russischen Kaiserin Elisabeth eine unverhoffte Rettung gebracht hätte. In diesem Kriege entfaltete sich Friedrich's militärischer Genius zu seiner höchsten Blüthe und ließ ihn mit unvollkommnen Mitteln eine Reihe von Siegen erringen, welche das Staunen der Mit- und Nachwelt gebildet haben und noch bilden.

Man wirft Friedrich dem Großen Kriegswuth vor und glaubt vielfach, daß er nur aus unbändigem Ehrgeiz die Waffen ergriffen habe. Dies ist ganz ungerecht. Im Gegentheil war er, wie dieses auch von einem Philosophen gar nicht anders vorausgesetzt werden kann, principieller Gegner des Kriegs, was durch zahllose Stellen in seinen Schriften und aus seinen Aeußerungen mit Leichtigkeit nachzuweisen ist. Er gibt seinem Schmerz über die gegenseitige Zerfleischung der Deutschen und über die entsetzlichen Greuel des Krieges oder über den Jammer, welchen der Ehrgeiz Einzelner über die Völker bringt, überall den beredtesten Ausdruck, während er das Glück und die Segnungen des Friedens mit begeisterten Worten preist und sagt, daß ein Mensch, der aus bloßer Eroberungssucht Krieg führe, nicht besser als ein Straußenräuber sei. In einer Epistel an Voltaire sagt er, daß der Friede stets das Ziel seiner Wünsche gewesen sei, und in einer seiner Unterredungen mit de Catt nennt er den Krieg etwas Schreckliches und beklagt das Schicksal der armen unglücklichen Soldaten, welche im Frieden mehr Prügel als Brot bekommen und im Krieg sich verstümmeln oder todtschießen lassen müssen. Ein barbarisch geführter Krieg, sagte er bei Gelegenheit der von den russischen Heeren in seinem Lande ausgeübten Greuel zu de Catt, hat eine allgemeine Demoralisation zur Folge und macht den Menschen zu einem wilden Thiere. „Ich habe", sagte er ein ander Mal zu demselben, „den Frieden auf das Innigste herbeigesehnt und vergeblich alles Menschenmögliche gethan, um ihn zu Stande zu bringen." Dennoch ist er entschlossen, niemals einen entehrenden Frieden zu schließen, und will sich, wie er am 24. Oktober 1760 an d'Argens schreibt, lieber unter den Trümmern des Vaterlandes begraben lassen, lieber selbst ein ehrenvolles Ende finden. Der Krieg selbst erscheint ihm nur als ein nothwendiges Uebel, als das letzte Mittel der Selbsterhaltung eines Staates.

Am besten charakterisirt seine Friedensliebe wohl jener berühmte Brief an die österreichische Kaiserin Maria Theresia, in welchem er seiner großen Gegnerin vorschlägt, die Zwistigkeiten zwischen beiden Staaten durch friedlichen Ausgleich zu beendigen; aber die eigensinnige Herrscherin, welche den Verlust Schlesiens nicht verschmerzen konnte, lehnte diesen Vorschlag kurzweg ab.

Allerdings macht man Friedrich die erste schlesische Eroberung, welche der Anlaß zu allen folgenden kriegerischen Verwicklungen wurde, zum Vorwurf. Aber Preußen hatte verbriefte Rechte auf die schlesischen Herzogthümer, deren Besitz seit einem Jahrhundert von dem kaiserlichen Hofe in Wien auf hinterlistige Weise dem Hause Brandenburg vorenthalten worden war; und als nun der österreichische Kaiser gestorben war, hielt Friedrich die Zeit für gekommen, die Mahnungen seiner Vorfahren und den Zornruf des großen Kurfürsten zur Wahrheit zu machen. Außerdem betrachtete er sich mit vollem Recht als den berufenen Beschützer des deutschen Protestantismus gegenüber dem ultrakatholischen Oesterreich, und er wurde demgemäß auch überall von den schlesischen Protestanten mit Jubel als solcher begrüßt und aufgenommen. Endlich hielt er es für seine Pflicht, das Interesse der kleinen deutschen Fürsten gegenüber der österreichischen Suprematie zu schützen, wie er dieses namentlich später in dem bayrischen Erbfolgekrieg zum Schutze Bayerns gegen Oesterreich bewies. Durch den von ihm gegründeten deutschen Fürstenbund legte er den ersten Grund zur Beseitigung der deutschen Zerrissenheit und zu der in unsern Tagen so glorreich vollendeten Einigung der deutschen Völkerstämme zu einem achtunggebietenden Ganzen. „Unseliges deutsches Volk", sagt er in einer Ode an die Germanen, „der Bürgerkrieg, die Wuth, der stete Bruderzwist weissagt dir Untergang." Uebrigens hatte Friedrich schon als Kronprinz die Nothwendigkeit erkannt, die zerrissenen Glieder des preußischen Staatskörpers zu einem Ganzen zu vereinigen. Bereits als Gefangener in Küstrin hatte er in einer mit der Sicherheit des Genius entworfenen Skizze „Ueber die gegenwärtige Politik Preußens", seinem Freunde Natzmer diese Nothwendigkeit dargelegt und auf die später erfolgte Vereinigung des polnischen Preußens, des schwedischen Pommern und der Herzogthümer Jülich und Berg mit Preußen hingewiesen. Was dann den siebenjährigen Krieg selbst anlangt, so wurde derselbe nur geführt zur Erhaltung des Bestehenden und des einmal durch blutige Opfer Erworbenen, und zwar unter Zustimmung der Bevölkerung der erworbenen Länder.

Was die Theilnahme Friedrich's an der berüchtigten Theilung Polens angeht, welche ebenfalls als schwarzer Punkt in dem Leben des großen Mannes angesehen zu

werden pflegt, so entschloß sich Friedrich nur sehr schwer,
und nachdem er verschiedene Auswege vergeblich vorgeschlagen
hatte, zu diesem Schritt, und zwar im Interesse der Erhaltung
des Friedens und der Vermeidung eines allgemeinen Krieges
nach den vorausgegangenen Kriegen, welche die Hilfsmittel
seines armen Landes auf das Aeußerste erschöpft hatten.
Indessen kann ihm daraus um so weniger ein Vorwurf ge=
macht werden, als er eigentlich nur deutsches Land zurück=
nahm, das dreihundert Jahre vorher von den Polen dem
deutschen Ordensland entrissen worden war, und das ihm
überdem zur Verbindung getrennter preußischer Gebietstheile
unbedingt nöthig erschien. Es war also ganz dasselbe oder
ein noch zwingenderes Verhältniß, als dasjenige, welches
im Jahre 1871 die Zurücknahme von Elsaß=Lothringen an
das Deutsche Reich veranlaßte. Wäre Friedrich auf die
Theilung nicht eingegangen, so wäre ganz Polen, welches
als lebensfähiger Staat nicht mehr existiren konnte, Ruß=
land anheimgefallen; und einsehend die Gefahr, welche dem
Deutschthum von Rußland drohte, entschloß er sich zu einem
Schritt, welcher seiner inneren Natur widerstrebte. Ueber=
haupt hatte Friedrich eine viel deutlichere Einsicht von der
Wichtigkeit Rußlands und von der russischen Gefahr für
Deutschland, als sie unsere heutigen Machthaber oder Staats=
lenker in Deutschland zu besitzen scheinen. Er nennt Ruß=
land in einem Briefe an seinen Bruder Heinrich eine schreck=
liche Macht, die in einem halben Jahrhundert ganz Europa
zittern machen werde, und sagt in einem Hinweis auf die
damals schon stark hervortretende russische Eroberungspolitik:
„Haben die Russen Konstantinopel, so stehen sie zwei Jahre
darauf in Königsberg." „Oesterreich", heißt es weiter,

„wird es noch schwer bereuen, daß es diese barbarische Nation nach Deutschland gerufen und sie die Kriegskunst gelehrt hat" — eine Prophezeiung, welche bereits zum Schaden Oesterreichs in Erfüllung gegangen sein dürfte. Er schlägt ein allgemeines Bündniß aller europäischen Fürsten gegen dieses Ungeheuer und gegen den von ihm vertretenen Barbarismus vor, ein Vorschlag, dessen Ausführung heutzutage mehr als je am Platze wäre. Aber leider haben unsere jetzigen Staatslenker den stets bewährten Grundsatz des großen königlichen Staatsmannes nicht vor Augen, „daß es besser sei zuvorzukommen, als sich zuvorkommen zu lassen".

Im Jahre 1775, ein Jahr vor seinem Tode, schloß Friedrich das berühmte Bündniß mit der nordamerikanischen Republik, welche er als einer der Ersten anerkannt hatte — ein Bündniß, dessen humane Bestimmungen eines der ruhmwürdigsten Denkmale der Geschichte bilden.

Nach glücklicher Beendigung des siebenjährigen Krieges entwickelte Friedrich eine noch fieberhaftere Thätigkeit im Interesse der inneren Wohlfahrt und der Wiederaufrichtung seines schwer geschädigten Landes, als vor demselben. Landwirthschaft, Bergbau, Industrie, Bauwesen, Handel, Schulwesen u. s. w. erfuhren ebenso seine gedeihliche Fürsorge, wie die Pflege von Kunst und Wissenschaft. Wie sehr er dabei das Wohl und die Interessen der ärmeren Bevölkerung seines Landes im Auge hatte, mag ein Blick auf das am 14. April 1766 erlassene und im Gegensatz zu den Schweine-Einfuhr-Verboten der Gegenwart doppelt bemerkenswerthe Patent über Neuerung des Zoll- und Accise-Wesens lehren, in welchem alle Auflagen auf inlänbisches Mehl, Getreide u. s. w. gänzlich aufgehoben werden und das Schweinefleisch „als die gewöhnlichste Nahrung der Armen" von dem Fleischzoll gänzlich befreit wird. Dieses tiefe Humanitätsgefühl war auch die Ursache dafür, daß Friedrich vor allem Anderen bemüht war, die Rechtspflege zu bessern und den unmenschlichen Härten der früheren Justiz die Spitze abzubrechen. Er ging von dem ebenso richtigen wie humanen Grundsatz aus, daß die Strafen um so milder bemessen werden können, je civilisirter ein Volk sei, und daß es besser sei, Verbrechen zu verhindern als die begangenen zu bestrafen. Lieber, sagte er, sollen zwanzig Schuldige straflos ausgehen, als daß ein Unschuldiger bestraft werde. Die Todesstrafe ließ er nur ausnahmsweise vollziehen.

Freilich kann man Friedrich nicht von dem Vorwurf freisprechen, daß er sich, wie z. B. in dem bekannten Fall des Müller Arnold, mitunter zu Gewaltthätigkeiten hinreißen ließ; aber man darf wohl behaupten, daß die Ursache dafür nicht in seinem Charakter, sondern in dem Uebelstande des Alleinherrscherthums oder des persönlichen Absolutismus zu suchen ist. Seine Absicht war stets die beste; er übte gewissermaßen eine Diktatur der Freiheit und Aufklärung — eine Regierungsform, welche ja an und für sich, wenn sie ein aufgeklärter und human denkender Herrscher ausübt, als die idealste aller Regierungsformen angesehen werden kann.

In Friedrich's am 8. Januar 1769 eigenhändig geschriebenem Testament heißt es wörtlich: „Ich gebe gern und ohne Klage diesen Hauch des Lebens, der mich beseelt, der gütigen Natur, die ihn mir geliehen, und meinen Körper den Elementen, aus welchen er zusammengesetzt ist, zurück. Unser Leben ist ein flüchtiger Uebergang vom Augenblicke unsrer Geburt zu dem unseres Todes. Während dieses kurzen Zeitraums ist der Mensch bestimmt, zu arbeiten für das Wohl der Gemeinschaft, der er angehört." —

Nach diesem kurzen Abriß des Lebens unsres großen Helden gehe ich zur Betrachtung seiner Bedeutung als **Philosoph** und **Freidenker** über. Er selbst, welchen die öffentliche Meinung längst als den „Philosophen auf dem Thron" bezeichnet hat, setzt seinen größten Stolz darein, Philosoph zu sein, und zwar ein solcher von den entschiedensten oder radikalsten Ansichten. Dabei war seine Philosophie keine solche, welche ihre Nahrung in Wolkenkukuksheim sucht, sondern eine ächte praktische oder Lebensphilosophie, welche nur Werth erhält durch ihre Anwendung auf Politik, Leben, Moral und strenge Pflichterfüllung. „Die Philosophie", schreibt er an Voltaire, „lehrt uns unsre Pflicht zu thun, unser Blut und unsre Ruhe für den Dienst des Vaterlands zu opfern." Und weiter: „Ich habe keinen Beistand in all den vielen Widerwärtigkeiten, als meine Philosophie; sie ist der Stab, auf den ich mich stütze, und mein einziger Trost in diesen unruhigen Zeiten." Daher war Friedrich im Allgemeinen auch Anhänger der philosophischen Schule der **Stoiker**, welche bekanntlich die Philosophie weniger um ihrer selbst willen, als vielmehr als Grundlage für ein weises, standhaftes und tugendhaftes Leben betrieben oder betrachteten, und deren System auch sonst mit seiner materialistischen Grundansicht zusammenstimmte. Ganz anders dagegen dachte er über die **theoretische Philosophie**, in welcher er einem entschiedenen

Skepticismus huldigte. Der Metaphysik brachte er das entschiedenste Mißtrauen entgegen; er spricht von einem „Galimathias der Metaphysiker" und nennt die Metaphysik ein unburchmessenes Meer, welches durch Schiffbrüche berüchtigt sei, ohne daß sich die gehofften Entdeckungen machen ließen. Er ist vielmehr der Meinung, daß wir über die letzten Ursachen der Dinge immer in Unwissenheit bleiben werden, indem er auf die Beschränktheit menschlicher Erkenntniß hinweist und den Irrthum ein Erbtheil des menschlichen Geschlechts nennt. Er vergleicht den Menschen in seinem Verhältniß zum Weltall mit einer Maus, welche sich in irgend einer Ecke eines großen Gebäudes angesiedelt habe und hier ihre Nachkommenschaft erzeuge, ohne eine Ahnung oder Idee zu haben von den Ursachen, von dem Zweck und von der Ausdehnung des Gebäudes, in dem sie sich niedergelassen hat. Ebenso sind wir Menschen auf die geringe Erkenntniß beschränkt, welche uns unsre nächste Umgebung bietet. Daher war Friedrich auch ein entschiedener Gegner aller Philosophie-Systeme, deren es nach seiner Meinung so viele giebt, wie Philosophen. Das System der prästabilirten Harmonie von Leibniz nennt er den „Roman eines geistreichen Mannes" und sagt, daß immer derjenige für den besten Philosophen gegolten habe, der den kunstreichsten Roman über das Wesen der Natur verfaßt habe. Wenn man schlagende Beispiele für die Richtigkeit dieser Behauptung aus der unmittelbarsten Vergangenheit und Gegenwart haben will, so braucht man nur an die philosophischen Romane eines Schopenhauer oder Hartmann zu erinnern.

Allerdings war Friedrich in jüngeren Jahren eine

Zeitlang sehr eingenommen von der Wolff'schen Philo=
sophie, deren Urheber schon wegen seiner Verfolgung durch
die Orthodoxie und die Pfaffen seine ganze Sympathie
hatte. Später aber erschien er ihm langweilig, ermüdend
und weitschweifig. „Der Halle'sche Professor", heißt es in
seinen Brandenburger Memoiren, „schrieb eine Anzahl von
Bänden, welche, statt Menschen zu belehren, höchstens als
ein Katechismus der Dialektik für Kinder dienen können."
Seinem Vorleser de Catt, der ihm über diese Sinnes=
Aenderung Vorhalt machte, erwiderte er: „Das ist aller=
dings wahr. Aber seit ich dies schrieb (an Voltaire! Der
Verf.), habe ich Fortschritte gemacht und finde, daß man
über philosophische Gegenstände einfacher und leichter
schreiben kann und soll. Trotz alledem habe ich den leb=
haftesten Antheil an Wolff's Schicksal genommen, gegen
den die verdammte Priestergesellschaft meinen Vater einzu=
nehmen wußte u. s. w."

Fand so Friedrich keine Befriedigung in der Gesell=
schaft der Metaphysiker und Ideal=Philosophen, so fand er
sie um so mehr in der materialistischen oder Erfahrungs=
Philosophie eines Epikur und seines Versuchs einer natür=
lichen, von allen theologischen Vorstellungen unabhängigen
Welt=Erklärung, sowie seines berühmten Nachfolgers Luk=
rezius Carus, welcher letztere seine Lieblings=Lektüre
bildete. De Catt erzählt, daß der König während des
1758er Feldzugs täglich Morgens und Nachmittags seinen
geliebten Lukrez gelesen habe. Derselbe war, wie er sagte,
sein Brevier, wenn er traurig war; er läse ihn, um sich
in seinen trüben Gedanken zu zerstreuen. Seine weiteren
Vorbilder unter den Alten waren die Stoiker Cicero und

Seneka, vor Allem aber der große Stoiker auf dem römischen Kaiserthron Mark Aurel, welcher für Friedrich das Ideal eines philosophischen Fürsten bildete. Er nennt ihn einen „in allen Stücken vollkommenen Menschen" und sagt von ihm in übergroßer Bescheidenheit wörtlich: „Er hat die Tugend zur höchsten Vollendung gebracht. Ich bin nicht werth, ihm die Schuhriemen aufzulösen." In Uebereinstimmung mit einem Wort des großen Kaisers nennt er die Philosophie seine Mutter, den Hof seine Stiefmutter. Trotzdem kommt er in der Philosophie von Mark Aurel, welcher ihm etwas zu sehr Stoiker war, immer wieder auf Epikur zurück. Dagegen hatte er eine entschiedene Abneigung gegen Plato, von dem er voraus= setzte oder annahm, daß dessen Philosophie manche Dogmen, welche sich später im Christenthum breit machten, ver= schuldet habe.

Unter den Philosophen des Mittelalters schätzte er am meisten Gassendi als den Erneuerer des klassischen Mate= rialismus und der Philosophie Epikur's; ferner Newton, Locke, Hume, Bayle u. s. w. An Voltaire schreibt er darüber: „Die Philosophie verdanken wir Epikur; Gassendi, Newton, Locke haben sie verbessert. Ich mache mir eine Ehre daraus, ihr Schüler zu sein, aber nicht mehr."

Unter den Neueren waren seine Vorbilder Voltaire, Rousseau und die meisten der französischen Encyklopädisten, wie Diderot, d'Alembert, Helvetius, Lamettrie ꝛc., welche er zum Theil an seinen Hof zog. Namentlich mit dem Mathematiker d'Alembert war er eng befreundet und unterhielt mit demselben einen lang dauernden Briefwechsel. Auch der geistvolle, vielverleumdete Materialist Lamettrie fand bei Friedrich, der ihn sehr hoch schätzte, eine bis zu seinem Tode dauernde Zuflucht vor seinen zelotischen Verfolgern.

In Deutschland waren es nur Leibniz und der schon öfter genannte Popular=Philosoph Chr. Wolff, „ein wackrer, freidenkender Mann, aber höchst mittelmäßiger Philosoph" (Lange) und längere Zeit der Heerführer der Philosophie in Deutschland, mit welchen sich Friedrich beschäftigte. Wie hoch derselbe überhaupt die Philosophie und die Philosophen schätzte, geht aus zahllosen Aussprüchen des großen Mannes hervor. „Den Philosophen", sagt er wörtlich in einem Briefe an Wolff, „steht es zu, die Welt zu unterrichten und die Lehrmeister der Fürsten zu sein. Sie müssen folgerecht denken, wir folgerecht handeln u.s.w." Und an d'Argens schreibt er am 26. Juni 1760, mitten unter den Greueln eines hoffnungslosen Krieges: „Ich liebe die Philosophie, weil sie meine Leidenschaften mäßigt und mir Gleichgültigkeit gegen meine Auflösung und gegen die Vernichtung meines denkenden Wesens einflößt." — „Es ist eine Schande für unser Jahrhundert, eine Wissenschaft, welche dem menschlichen Geiste am meisten Ehre macht, die Schule, welche die größten Männer gebildet hat, herabwürdigen zu wollen." Wie würde man heutzutage die Achseln zucken, wenn man verlangen wollte, daß Philosophen die Welt gouverniren! Dazu sind nur Leute fähig, welche sich auf Pulver und Blei oder Blut und Eisen verstehen.

Weitere Aussprüche des großen Freidenkers vom Standpunkte der materialistischen Philosophie aus sind die folgenden: „Wahre Philosophie verleiht Festigkeit der Seele und Klarheit des Geistes, die uns vor dem Irrthum des gemeinen Haufens bewahrt, an Wirkungen ohne Ursachen zu glauben" — also eine sehr entschiedene Betonung des die ganze Welt beherrschenden und jede außernatürliche Dazwischenkunft ausschließenden Causalitäts-Princips!

Weiter: „Der Lehrsatz vom leeren Raum und von körperlosen Geistern ist nach meiner Ansicht der höchste Grad von Verwirrung des menschlichen Geistes" — also eine entschiedene Verwerfung des Spiritualismus und Spiritismus und des damit verbundenen Wunderglaubens, welcher wunderbarer Weise in unsrem wissenschaftlich erzogenen Jahrhundert immer noch eine so große Rolle spielt.

Weiter: „Ich weiß, daß ich ein materielles belebtes Geschöpf bin, das Organe hat und denkt, woraus ich schließe, daß die belebte Materie denken kann, so wie sie die Eigenschaft hat, elektrisch zu sein." Dieses hängt mit der schon im vorigen Jahrhundert von den philosophischen Schulen sehr lebhaft erörterten Frage zusammen, ob die Materie denken könne? Toland in England, Lamettrie in Frankreich beantworteten sie bekanntlich entschieden bejahend. Letzterer sagt: „Kann die Materie die Stunden schlagen, so kann sie auch denken", befolgt also genau denselben Gedankengang wie Schopenhauer, welcher sagt: „Kann die Materie zur Erde fallen, so kann sie auch denken." Freilich thut sie alles dieses nicht als solche, sondern nur, wenn sie in solche Verbindungen oder Zustände gebracht ist, aus denen Stundenschlagen oder zur Erdefallen oder Denken als Verrichtung oder Thätigkeit resultirt.

Weiter: „Ich schreibe das Denken den fünf Sinnen zu, welche uns die Natur gegeben hat" — also eine ganz sensualistische Anschauung! Weiter: „Wenn das Blut zu heftig im Gehirne kreist, wie im Rausch oder in hitzigen Fiebern, so folgt eine Zerrüttung der Jdeen. Eine Spannung der Gehirn=Nerven erzeugt Wahnsinn; ein Tröpfchen Wasser oder Blut im Gehirn hat Verlust des Gedächtnisses oder einen Schlaganfall zur Folge u. s. w." — also eine ganz materialistische Auffassung des Verhältnisses von Gehirn und Seele! Eine Erkrankung im Februar 1739 wurde ihm Veranlassung, Voltaire zuzugestehen: „Die Wechselwirkung zwischen Geist und Körper, ihre enge Verbindnng ist ein starker Beweis für die Ansicht Locke's. Der Geist scheint leider nur ein Anhängsel des Körpers zu sein, er geräth in Unordnung zugleich mit der Organisation unsrer Maschine, und die Materie kann nicht leiden, ohne daß der Geist in Mitleidenschaft gezogen würde" — eine Anschauung aus jüngeren Jahren, welche später in einen vollendeten Materialismus in der Seelenfrage ausklang! Jm Jahre 1758 sagte er zu de Catt: „Wie ist es möglich, mein Freund, daß Sie an die Uebersinnlichkeit und Unsterblichkeit der Seele glauben können? Sehen Sie denn nicht, daß die Seele ein Produkt des Körpers, und daß es also widersinnig ist, zu behaupten, sie könne allein fortexistiren, nachdem der Körper untergegangen ist? Beide sind so sehr von einander abhängig, daß sie ohne einander überhaupt gar nicht existiren können."

Friedrichs Stolz auf seine Eigenschaft als Philosoph klingt auch in seinem bereits erwähnten Testamente wieder. „Jch habe", so heißt es darin, „als Philosoph gelebt und will als solcher sterben. Jch will begraben sein ohne Prunk, ohne Aufwand, ohne Pomp. Meine Leiche soll weder secirt noch einbalsamirt werden. Jch will begraben sein in Sans=

souci in der Gruft, welche ich mir habe bereiten lassen. Wenn mich der Tod auf der Reise oder im Krieg ereilen sollte, so darf man meinen Körper nur in dem nächsten Orte beisetzen und ihn während des Winters nach Sanssouci an den bezeichneten Ort bringen."

Welcher Gegensatz in dieser bescheidenen Anordnung des großen Mannes, dem keiner seiner Nachfolger würdig gewesen wäre, die Schuhriemen aufzulösen, zu den prunkvollen fürstlichen Begräbnissen und Todtenfeiern der Gegenwart!

Mit der Philosophie im engen Zusammenhang steht der Gottesglaube. Man sollte denken, daß Friedrich auf seinem philosophischen Standpunkte dem Atheismus gehuldigt habe. In der That scheint dieses auch so gewesen zu sein, aber erst in späteren Lebensjahren. Als jüngerer Mann schwankte er zwischen zwei sich kreuzenden Standpunkten, denjenigen eines teleologischen oder spiritualistischen Theismus und demjenigen eines materialistischen Naturalismus. Er folgte mehr oder weniger seinem Vorbild Voltaire, welcher ja auch nicht Atheist, sondern Deist nach englischem Muster war und den halb berühmten, halb berüchtigten Ausspruch gethan hat: "Wenn Gott nicht existirte, so müßte man ihn erfinden." Friedrich konnte in seiner Jugend nicht über den bekannten teleologischen oder Zweckmäßigkeits-Beweis für die Existenz Gottes hinauskommen, was ihm ja auch bei dem damaligen unvollkommnen Stande des Wissens kaum zu verübeln sein dürfte. Die wunderbare Ordnung und Gesetzmäßigkeit in der Natur, welche heutzutage als natürliche Folge natürlicher Vorgänge oder Ursachen erkannt ist, imponirte ihm dergestalt, daß er sich das Werk nicht ohne einen Werkmeister vorstellen konnte oder ohne eine Intelligenz, welche, wie er zu de Catt sagte, sich gewisse Ziele gesteckt und die Mittel angewendet habe, um jene zu erreichen — obgleich er andrerseits wieder von der jedes schaffende Princip ausschließenden Ewigkeit und Unendlichkeit der Welt überzeugt war und das System einer Schöpfung aus Nichts „widersprechend und ungereimt" nennt. Wenn Friedrich die Entwicklungtheorie gekannt hätte, würde er wohl anders geurteilt haben. Allerdings war seine damalige Vorstellung von Gott nicht diejenige einer bestimmten Persönlichkeit oder die gewöhnliche theologische, von der er in einer Epistel an d'Alembert sagt, daß ihn (Gott) die heilige Schaar im Chorrock ebenso boshaft male, wie sie selber sei, oder als den unerbittlichsten Tyrannen schildere, sondern diejenige eines denkenden und handelnden, mit der allgemeinen Materie vereinigten Urwesens als erster Urstoff des Lebens und der Bewegung. „Ich nenne", sagt er in einem Briefe an d'Alembert vom 18. Okt. 1770, „dieses Wesen nicht Geist, weil ich keinen Begriff von einem Wesen habe, welches keinen Raum einnimmt und folglich nirgend existirt. Da aber unser Denken eine Folge der Organisation unsres Körpers ist, warum sollte nicht das unendlich mehr als der Mensch organisirte Weltall eine Denkkraft besitzen, die unendliche Vorzüge vor der Verstandeskraft eines so schwachen Geschöpfes hätte?" Bei der Lektüre der Leichenrede des Prinzen von Condé sagte er bei einer Stelle der Rede, wo dieser die Hoffnung ausgesprochen haben soll, Gott von Angesicht zu Angesicht zu schauen, zu de Catt: „Finden Sie nicht auch, daß Herr von Condom selber kindisch wird, wenn er den Prinzen so kindisches Zeug schwatzen läßt?"

Eine Zeitlang stand Friedrich in der Gottes=Frage auf dem Standpunkte des Agnosticismus, welcher aber später mehr und mehr in Atheismus umgeschlagen zu haben scheint. Er äußerte: „Ich weiß nicht, ob es einen Gott gibt" und neckte seinen Sekretär damit, daß er ihm folgendes Gebet vorschlug: „Gott, wenn es einen gibt, habe Mitleid mit meiner Seele, wenn ich eine habe." An Voltaire schreibt er 1759: „Je älter ich werde, um so mehr komme ich zu der Ueber= zeugung, daß Seine geheiligte Majestät der Zufall drei Viertheile der Geschäfte dieser elenden Welt besorgt, und daß Die, welche sich für die klügsten halten, die größten Thoren in dieser Welt von zweibeinigen Wesen ohne Federn sind." Auch befindet sich in seinen Werken ein besonderes Kapitel über den Zufall (Épitre sur le hasard, XII. 57—69), in welchem alles Geschehen auf Zufälligkeit zurück= geführt wird, und in dem er zu dem wörtlichen Schlusse kommt, daß es „in dieser verwünschten Welt nichts als Zufälligkeiten gäbe." In der That hat der Zufall in seinem eignen Leben durch den raschen Tod der russischen Kaiserin eine so bedeutsame Rolle gespielt, daß er allen Grund hatte, demselben dankbar zu sein.

Wenn also zugestanden werden mag, daß Friedrich in Bezug auf den Gottesglauben von theoretischen Zweifeln nicht frei war, so stand er doch ganz und gar auf atheisti= schem Standpunkte in Bezug auf irdische Dinge und mensch= liche Schicksale, von denen er überzeugt war, daß sie nur beherrscht würden durch einen nothwendigen und unerbitt= lichen Naturzusammenhang. Gott, sagte er, bekümmert sich wohl um das große Ganze, nicht aber um das Einzelne; hier herrschen nur sekundäre, von Gott unabhängige Ur=

sachen nach dem unverbrüchlichen Gesetz der Causalität. „Glauben Sie wirklich, mein Herr," sagte er spottend zu dem frommen de Catt, „daß der Himmel sich um die Streitigkeiten, Kämpfe und Metzeleien kümmert, welche Burschen wie wir machen?" und mit demselben Spott schreibt er an die Herzogin von Gotha, daß unser Herrgott im Kriege immer für die großen Massen und die schwere Cavallerie sei. Napoleon I hat ihm diese Aeußerung nach=
gesprochen, als er gefragt wurde, wessen Gebet zu dem Herrn der Heerschaaren am wirksamsten sein möge, wenn sich zwei Armeen einander gegenüberstünden, und die Ant=
wort gab: Desjenigen, der die meisten Bajonette hat." Daher verwarf Friedrich auch vollständig den vulgären Vorsehungsglauben, welchen er mit Recht für vollständig unvereinbar hielt mit dem vielen Unglück und Elend in der Welt und namentlich mit seinen eignen traurigen Erleb=
nissen. Vielmehr neigte er, namentlich in jüngeren Jahren, sehr zu einem gewissen Determinismus und Fatalismus, welcher unabänderliche Nothwendigkeit alles Geschehens voraussetzt. Schon in seinem Küstriner Gefängniß hatte er zur Verfechtung des reformirten Prädestinationsglaubens gegen den lutherischen Prediger das Gleichniß von einem Uhrwerk gebraucht, das nicht anders gehen könne, als der Mechanismus seiner Räder es bedinge. Dasselbe Gleichniß hielt er während des Rheinsberger Aufenthaltes Voltaire mit ungefähr folgenden Worten entgegen: Der Mensch hat die Freiheit eines Pendels, auf beschränktem Raume hin und her zu schwingen. Alle seine Handlungen sind abhängig von seinem Temperament und seinem mehr oder weniger beschränkten Denkvermögen. Er handelt nach einem Gesetz,

dem Ton gemäß, auf den der Schöpfer ihn gestimmt hat. Alles in allem erklärt er, eine Art Trost in dieser absoluten Fatalität zu finden, „in dieser Nothwendigkeit, die alles verfügt, unsre Handlungen und Geschicke bestimmt."

Selbstverständlich verwarf im Einklang hiermit Friedrich jede Art von Wunderglauben oder damit verbundenem Aberglauben, weil nichts gegen das Naturgesetz geschehen kann. „Ich nenne es eine Narrheit", sagte er zu de Catt, „an Wahrsagen, Propheten oder gar Träume glauben zu wollen. Wie kann man einen derartigen Glauben hegen, während uns doch alle Naturerscheinungen beweisen, daß die Gegenwart nichts von der unmittelbar darauf folgenden Zukunft weiß. — — Jeder Privatmann und vor allem jeder Fürst ist zu beklagen, der sich derartigen lügnerischen Versicherungen überläßt." Von dem alten Dessauer, dem bewährten Kriegshelden, der ihm in dem zweiten schlesischen Krieg durch seinen Sieg bei Kesselsdorf so große Dienste geleistet hat, erzählte er: Der alte Dessauer glaubte nicht an Gott. Aber den Montag hielt er für einen Unglückstag; und wenn ihm bei dem Gang zur Jagd drei alte Weiber begegneten, so kehrte er wieder um. Wenn man ihn nach dem Grunde dieses Benehmens fragte, so wußte er keinen.

Weit entschiedener als in Bezug auf den Gottesglauben war Friedrich in seiner Opposition gegen das Dogma von der persönlichen Fortdauer nach dem Tode, wie es ja auch nach seinen Ansichten über das Denken als Resultat der Mechanik unsres Organismus nicht anders sein konnte. Er stellt sich in dieser Frage sehr bestimmt auf den Standpunkt des Monismus gegenüber dem Dualismus und nennt das Dogma „einen verführerischen Traum, den die Vernunft beim Erwachen zerstöre." Einige seiner Aeußerungen über den Gegenstand wurden bereits, namentlich bei Gelegenheit der Erwähnung seines Testaments angeführt, und mögen dieselben durch die folgenden ergänzt werden. In seinen Memoiren heißt es: „Aber wir, die wir auf jede zukünftige Belohnung verzichten, die wir an keine ewigen Strafen glauben, die wir durch keine persönlichen Interessen geleitet sind, wir sterben ohne Qualen oder Gewissensbisse, indem wir die Welt mit unsern Wohlthaten überhäuft zurücklassen." Zu de Catt sagte er: „Ich flüchte mich in den Glauben, daß alles, was wir sehen, ewig ist, und daß alles mit dem Tode zu Ende ist." — „Von der Unsterblichkeit der Seele kann ich mich nicht überzeugen; daß die Welt ewig ist, glaube ich." — „Was ist das Leben? Ein Hauch, der fortfliegt, ob man es nun merkt oder nicht." Und über de Catt's festen Glauben spottete er mit den Worten: „Gestehen Sie, Sie würden es sehr bedauerlich finden, wenn Catt nicht unsterblich wäre. Diese Idee schmeichelt Ihnen, sie hat für Sie einen ganz besonderen Kitzel, und deßhalb glauben Sie, daß Ihre Seele unsterblich ist." — — „Ich dagegen bin ganz sicher, daß mich, wenn dereinst nichts mehr von mir übrig ist, auch nichts mehr beunruhigen wird." In seinem Gedicht „Der Stoiker" heißt es: „Wenn jenen Hauch, der in dir lebt und denkt, Veränderung trifft und er sich fallen sieht, wenn einst im Tod er selber auch erlischt — was fürchtest du nach diesem Schlage noch? Dich sichert vor dem Schmerz der Tod. Ward erst dein Leib zerstört, dann fühlt er länger nichts." An d'Alembert schreibt er: „Man muß sich mit dem Gedanken seiner Zerstörung bekannt machen und sich bereiten, in den Schooß der Natur zurückzukehren, aus dem man hervorgezogen ward." — "Mich bestürme nun die Gicht oder eine andre Krankheit! Ich weiß, daß es der Fuhrmann ist, der mich in das Land hinabbringen soll, aus welchem Niemand wieder zurückgekehrt ist, und ich erwarte den Augenblick meiner Abfahrt ohne Furcht vor der Zukunft und mit gänzlicher Ergebung." Und in der Epistel an d'Alembert heißt es: "Denk' so, wie Cicero in Roms Senat. Ihm sagte der große Consular: "Nichts bleibt von uns, ihr Freunde, nach dem Tode noch. Doch sollen wir deshalb traurig sein? Wird unser Geist so wie der Leib zerstört, so kehr' ich in der Schöpfung Schooß zurück und eine mich mit ihr" u. s. w. Nach Voltaire's Tod ließ er, wie schon erwähnt, in Berlin eine Seelenmesse für Voltaire lesen und schreibt darüber an d'Alembert: "Obschon ich keinen Begriff von einer unsterblichen Seele habe, wird man doch für die seinige eine Messe lesen." Wahrscheinlich that er dies, um, wie er sich in demselben Briefe ausdrückt, der "theologischen Brut, welche sich Mühe gibt, Voltaire nach dem Tode zu beschimpfen", ein Paroli zu biegen.

In Uebereinstimmung mit dieser Negation der persönlichen Fortdauer und mit den Grundsätzen der Stoa war Friedrich auch ein Lobredner des Selbstmords. Er schreibt darüber an d'Argens: "Ich betrachte den Tod als Stoiker. Niemals wird meine Hand einen entehrenden oder nachtheiligen Frieden unterzeichnen. Entweder werde ich mich unter den Trümmern meines Vaterlandes begraben lassen, oder ich werde meinem Unglück ein Ziel zu setzen

wissen, wenn es nicht mehr zu ertragen ist." Derselbe Ge=
danke kehrt in vielfachen Aeußerungen wieder. Bei de Catt
wiederholte er öfter die Citirung der Strophe:

„Wenn alles uns verläßt, wenn jede Hoffnung flieht,
„So ist das Leben Schmach, und sterben wird uns Pflicht."

Ein ander Mal sagte er: „Soll ich meine völlige Vernich=
tung überleben? Nein, nein, niemals!" In dem in dem
Unglücksjahr 1761 geschriebenen Gedicht „Cato's von Utika
letzte Worte" heißt es am Schluß: „Sehn wir das Vater=
land in Schmach vergehen, der Feige lebt, es weiß ein
Held zu enden." Dem Beispiel jenes großen Römers zu
folgen war er fest entschlossen. Nach der Niederlage von
Hochkirch zeigte er de Catt ein Büchschen mit Opiumpillen,
welches er stets bei sich trug, und sagte: „Sehen Sie, hier
habe ich alles Nöthige, um den Schlußakt des Trauerspiels
herbeizuführen", und: „Ich trage etwas bei mir, womit
ich der Sache ein Ende machen kann, wenn sie mir uner=
träglich wird."

In Bezug auf das Dogma von der Willensfreiheit
war Friedrich Anfangs und im Zusammenhang mit seinem
bereits geschilderten Determinationsglauben Gegner des=
selben, weil er jene Freiheit für unvereinbar mit Gottes
Allwissenheit hielt; später, als sein Gottesglaube wankend
wurde, sprach er sich mehr dafür aus, wenn auch nur in
beschränktem Sinne. „Ich weiß zu wohl", schrieb er im
Winter 1738 auf 39 als Kronprinz an einen seiner älteren
Freunde, „daß man sich den unwiderruflichen Gesetzen des
Schicksals nicht entziehen kann, daß der Strom folgerichtiger
Ereignisse uns willenlos mit sich fortreißt, und daß es

Thorheit wäre, sich dem widersetzen zu wollen, was Nothwendigkeit ist und was von aller Ewigkeit her also geordnet war" u. s. w.

Den größten Werth legte Friedrich auf die Ethik oder Moral, welche er als die beste Blüthe der praktischen Philosophie ansah, und auf das daraus folgende Pflichtgefühl, welches bei ihm in ungewöhnlichem Grade entwickelt war. „In der Moral", schreibt er aus Rheinsberg an Voltaire, „bin ich nicht so indifferent, wie in der Beurtheilung der verschiedenen Religionssekten, denen ich ohne Vorurtheil zusehen und mich auf ihre Kosten belustigen kann, da sie der nothwendigste Theil der Philosophie ist und am meisten zum Glück der Menschen beiträgt." Von seinem hohen Pflichtgefühl legt seine berühmte, in einem Briefe an d'Argens enthaltene Aeußerung genügendes Zeugniß ab: „Es ist nicht nöthig, daß ich lebe, wohl aber, daß ich meine Pflicht thue." Dabei war er im höchsten Grade streng gegen sich selbst und scheute keinen Tadel oder keine gegen seine Person gerichtete Kritik. Ein gegen ihn gerichtetes Pasquill, das man an einer Straßenecke Berlins angeschlagen hatte, ließ er bekanntlich nicht entfernen, sondern niedriger hängen, „damit", wie er sagte, „die Leute sich nicht den Hals ausrecken müssen." Er fühlte sich eben in seinem eignen Innern über jede Beleidigung erhaben und schrieb an Voltaire die herrlichen Worte: „Ich denke über die Satyre, wie Epiktet: Sagt man etwas Böses von dir, und es ist wahr, so bessere dich; sind es aber Lügen, so lache darüber. Ich bin mit der Zeit ein gutes Postpferd geworden, lege meine Station zurück und bekümmere mich nicht um die Kläffer, welche auf der Landstraße bellen."

Welcher Gegensatz in dieser vornehmen Gesinnung zu den zahllosen und oft so kleinlichen Majestäts- und Beleidigungsprocessen hoher Persönlichkeiten in der Gegenwart!

Uebrigens erfordert es die Gerechtigkeit zu sagen, daß sich dieses hohe Pflichtgefühl in dem preußischen Herrscherhause bis auf den heutigen Tag lebendig erhalten hat, und daß dessen Leiter bei den großen Ereignissen der hinter uns liegenden Jahrzehnte nicht, wie so manche andere in ihrer Lage gethan haben würden, hinter dem Ofen sitzen geblieben sind, sondern, ähnlich ihrem großen Ahnherrn, das eigne Leben und Wohlsein auf's Spiel gesetzt haben.

Was das Verhältniß der Moral zur Religion angeht, so erklärte Friedrich die erstere mit vollem Recht und gewohntem Scharfblick als ganz unabhängig von der letzteren. Er leitet sie ganz richtig ab aus der gesellschaftlichen Gegenseitigkeit und sucht sie auf Selbstliebe zu begründen, von welcher er sagt, daß sie, wenn richtig geleitet, als wirksamster Hebel der Tugend und Moral angesehen werden müsse. Daher auch im Wesentlichen die Moral überall dieselbe ist oder sein muß, insoweit die gesellschaftlichen Verhältnisse dieselben oder ähnliche sind. Die ganze Moral erschöpft sich nach ihm in dem bekannten Spruch: „Was du nicht willst, daß man dir thue, das thue auch keinem Andern" und in dem ihn ergänzenden: „Was du willst, daß man dir thue, das thue auch Andern." Beherzigt man diese Regel, so hat man die ganze Moral besser in der Hand, als die dickleibigsten Bücher der Ethik dieselbe zu lehren vermögen. Friedrich irrt nur darin, daß er diese Lehre eine evangelische nennt, während dieselbe viel, viel älter ist und sich schon bei den indischen, persischen, egyptischen und chinesischen Religionsstiftern vorfindet. Uebrigens kommt bei Friedrich auch die Aeußerung vor, daß man das Gute um seiner selbst willen thun solle — eine Regel, deren Anwendung freilich die unsichere Bestimmung des Begriffs des Guten sehr hinderlich im Wege steht.

Je mehr sich Friedrich für die Moral ereiferte, um so weniger gut zu sprechen war er auf die Religion, welche er geradezu für ein „nothwendiges Uebel" erklärte. Sie entsteht nach ihm einerseits aus Furcht und Unwissenheit, andrerseits aus Eigennutz und Schlauheit. Nur die damit verbundene Moral, welche aber auch für sich bestehen könne, sei gut. Er nennt alle Religionen ein Gemisch von gesunder Moral und theologischen Fabeln. „In Wahrheit", sagte er, „je mehr man die ungereimten Fabeln prüft, auf welche die Religionen sich gründen, um so mehr bemitleidet man Die, welche sich für solche Albernheiten ereifern."

Noch schlimmer als auf die Religion selbst, ist er auf die Herrn Theologen oder Priester zu sprechen, auf welche er einen ganz besonderen Span gehabt zu haben scheint. Vielleicht lief dabei eine persönliche Rancüne mitunter, da sie ihm in seinem Kriege gegen Oesterreich durch Spionendienste manchen Schaden gethan zu haben scheinen. Er sagt: „Was die Priester betrifft, die sind unverbesserlich, bis man ihre Rasse ausgerottet haben wird" — eine Forderung, die allerdings so radikal ist, daß sie heutzutage kaum der verbissenste Freidenker zu unterschreiben wagen würde. Sein Haß gegen die Theologen und Priester macht sich in zahllosen Aeußerungen Luft. Zu be Catt sagte er: „Sie haben keine Idee, mein Lieber, was die Priester für

Schufte sind." Weiter: „So denken die Canaillen von Priestern, die fortwährend Gott, die Könige und die Menschen verhöhnen. Die Schurken sind stets bereit, alles ihrem Nutzen zu opfern. Sie geben die schändlichen Schmeichler ab, welche das Ohr der Könige haben, ihnen die Wahrheit verbergen und den Abgrund, an welchem diese dahinwandeln, mit Blumen bestreuen." Weiter: „Statt von der Sittenlehre, sprechen diese Pedanten immer von Dogmen und Mysterien, die kein Mensch versteht, und behalten die göttliche Moral, die man den Menschen nicht oft genug wiederholen kann, für sich." An Voltaire schreibt er aus Rheinsberg: „Die Theologen, einerlei welcher Religion oder welchem Volk sie angehören, streben stets nach despotischer Herrschaft über die Gewissen und verfolgen deshalb alle, welche mit edler Kühnheit die Wahrheit entschleiern. — — Sie predigen Demuth, nennen sich Diener eines Gottes des Friedens und haben doch ein Herz voll Haß und Ehrsucht." Weiter: „Die Priester spielen, so lange ihr Eigennutz sich damit verträgt, die Tugendhaften, aber bei der geringsten Gelegenheit bricht die Natur aus ihren Fesseln hervor, und die Laster und Bosheiten, die von der äußeren Gestalt der Tugend verdeckt waren, erscheinen alsbann aufgedeckt. Es ist erstaunlich, daß die Macht der Geistlichen auf einem so wenig festen Boden hat gegründet werden können." An b'Argens schreibt er: „Diese Leute (die Priester) mißbrauchen gar zu frech den Namen der Religion, welche der stärkste Zügel des Lasters sein sollte. Sie bewaffnen sich mit dem heiligen Messer, das sie vom Altar nehmen, um Könige zu morden, und mit der Frömmigkeit der Einfältigen, um ihren Begierden und ihrer Herrschsucht zu fröhnen." — "Alle leiden an Unduldsamkeit und verkehrtem Glaubenseifer." — "Die Macht der Geistlichkeit beruht nur auf Meinungen und auf der Leichtgläubigkeit der Menschen. Man kläre diese auf, und die Bezauberung hat ein Ende." An d'Alembert schreibt er: "Ihre Priester menschlich zu machen, ist ebenso schwer als Elefanten reden zu lehren," und ein ander Mal bei Gelegenheit der Wiedereinführung der Inquisition in Spanien: "Um seine Liebeshändel mit der weißen Kuh abzubüßen, übergibt sich Se. katholische Majestät zusammt seinen treuen Unterthanen in die Hände geschorner Henker, die in dieser Welt mehr Unheil stiften, als jemals die Teufel in der von den Aegyptern eingebildeten Hölle verüben werden." — "So lange die Fürsten theologische Fesseln tragen, so lange diejenigen, die man bezahlt, um für das Volk zu beten, über dasselbe herrschen werden, so lange wird die Wahrheit, welche diese Geistestyrannen unterdrücken, die Völker nie erleuchten, und die Weisen werden nur im Stillen denken."

Ein ander Mal nennt er die Theologen Quacksalber, welche ihre Pillen marktschreierisch anpreisen, und deren ungeheurer Einfluß nur möglich sei durch die grenzenlose Dummheit und Leichtgläubigkeit der großen Massen, welche durch nichts zu besiegen sei. Irrthum, Aberglauben, Wunderglauben, Thorheit seien das ewige Erbtheil des Menschengeschlechts. Seine Schriften und Briefe sind voll von Klagen und von den schärfsten Aeußerungen über die unverbesserliche Thorheit der Menschen, welche ihm großes Herzeleid bereitet zu haben scheint. "Der große Haufe", sagt er, "kriecht immer im Schlamme der Vorurtheile. Der Irrthum ist sein Erbtheil." — "Die Menschen sind nicht

gemacht für die Wahrheit; sie haben immer einen Hang
zum Irrthum gehabt. Ich weiß nicht, durch welche Ver=
kehrtheit die Wahrheit sie immer weniger ergriffen hat." —
„Der Aberglaube ist eine Schwachheit des menschlichen
Geistes; sie haftet diesem Wesen an, ist von jeher da ge=
wesen und wird immer da sein." — „Der größte Theil
der Menschen schmachtet in einer unbesiegbaren Unwissen=
heit; er hat keine Zeit zum Denken und Ueberlegen. Da=
her seine Anhänglichkeit an einen Gottesdienst, den eine
lange Gewohnheit geheiligt hat." — „Die Gegenstände der
Anbetung sind verschieden; aber es ist im Grunde einerlei,
ob man sich vor einem ungesäuerten Brodteig, vor einer
Bundeslade oder vor einer Statue niederwirft. Der Aber=
glaube ist immer derselbe." — „Der größte Theil der
menschlichen Meinungen gründet sich auf Vorurtheile, Fabeln,
Irrthümer und Täuschungen." — „Die Menschen werden
im Großen und Ganzen nie zur Vernunft kommen; unter
tausend Menschen findet sich kaum ein Denkender, unter
hunderttausend kaum ein Philosoph." — „Trotz seiner
Vernunft ist der Mensch das wildeste und grausamste aller
Thiere. Jeder hat von Geburt ein wildes Thier in sich,
das nur Wenige zu bändigen wissen. Der Mensch ist ein
Thier mit zwei Beinen, aber ohne Federn." Als ihm
Sulzer einmal von der Güte der menschlichen Natur
sprach, erwiderte er ihm: „Sie kennen die verwünschte Rasse
nicht, zu der wir gehören."

Dabei hatte Friedrich wenig Hoffnung auf ein Besser=
werden; er huldigte in dieser Beziehung einem entschiedenen
Pessimismus. „Bei meiner Geburt", schreibt er an d'Alem=
bert, „fand ich die Welt in der Sclaverei des Aberglaubens;

und ebenso verlasse ich sie sterbend." Weiter: „Was wollen denn einige aufgeklärte Professoren, einige weise Akademiker sagen im Vergleich mit der unabsehbaren Menge? — — Wie kann und wie soll man gegen das Herkommen kämpfen, welches die Vernunft der Dummköpfe ist?" Weiter: „Stets wird sich das Volk, welches überall die große Anzahl ausmacht, durch Betrüger und Schurken regieren lassen, und die Zahl der Weisen wird allezeit nur aus einigen wenigen Köpfen bestehen." Weiter: „Gesetzt aber auch, man könnte die Menschen so vielen Irrthümern entreißen, so bleibt noch die Frage übrig, ob sie der Mühe, sie aufzuklären, auch werth sind?" In einem Briefe an Voltaire heißt es: „So wie es nun einmal in der Welt geht, werden die Abergläubischen immer über die Philosophen siegen; denn der Kopf des großen Haufens denkt nicht richtig — — das Priestergeschmeiß rächt die kleinste Verletzung der Orthodoxie u. s. w."

Daraus, sowie aus vielen andern Stellen geht hervor, daß sich Friedrich über die Schwierigkeit der Aufklärung, der er sonst so leidenschaftlich zugethan war, durchaus keinen Täuschungen hingab. „Es wäre ein Glück für die Menschheit", schreibt er an d'Alembert, „wenn man die Menschen von der Hierarchie und dem daran hangenden verabscheuungswürdigen Aberglauben befreien könnte; allein weder Sie noch ich werden diesen glücklichen Tag erleben. Jahrhunderte gehören dazu, ihn vorzubereiten, und vielleicht wird alsdann ein neuer Aberglauben an die Stelle des alten treten; denn ich bin überzeugt, daß der Hang zum Aberglauben den Menschen angeboren ist." Und an einer andern Stelle: „Man gründe heute einen Staat mit einer

Vernunftreligion; in fünfzig Jahren wird wieder ein neuer Aberglaube, ein neuer Götzendienst entstehen." Wenn man bedenkt, daß ein halbes Jahrtausend vor Christus von dem freidenkerischen Buddha eine solche Vernunftreligion gegründet wurde, welche sich alsbald wieder in krassen Aberglauben verwandelt hat, und daß die Vernunftreligion, welche der große Akbar in der Zeit des finsteren Mittelalters in Indien eingeführt hat, ohne Erfolg geblieben ist, so kann man in der That der pessimistischen Voraussage des großen Königs die Zustimmung kaum versagen.

Was nun die einzelnen Religionen angeht, so steht Friedrich im Wesentlichen auf dem Standpunkt des Verfassers des berühmten Buches „De tribus impostoribus" (von den drei Betrügern), wobei er allerdings von dem Christenthum etwas besser denkt, als von Moses und Mohammed. Er meint, das Christenthum sei im Anfang gut gewesen, später aber so entartet, daß die schlimmsten Greuel des Despotismus und des Aberglaubens aus ihm hervorgegangen seien. „Die christliche Religion", schreibt er an d'Alembert, „war in ihrem Anfang eine Art von Theismus. Bald aber nahm sie den Götzendienst des Heidenthums und dessen Gebräuche in sich auf; und die Menge der Zuthaten überdeckte den einfachen Stoff so sehr, daß er ganz unkenntlich ward." — „Erlauben Sie mir, Ihnen zu sagen, daß unsre jetzigen Religionen der Religion Christi so wenig gleichen, wie der Irokesischen. Jesus war ein Jude, und wir verbrennen die Juden. Jesus lehrte Duldung, und wir verfolgen. Jesus predigte eine gute Sittenlehre, und wir üben sie nicht aus. Jesus hat keine Lehrsätze aufgestellt, und wir haben reichlich dafür gesorgt u. s. w." — Das Studium der Kirchengeschichte veranlaßte ihn zu der starken Aeußerung: „Ich bin eben bei der Entstehung des großen Schisma im Orient und fühle mich geneigt zu glauben, daß die ganze Welt von Konstantin dem Großen (dem Einführer des Christenthums als Staatsreligion — der Verf.) bis auf Luther blödsinnig gewesen sei!" Er nennt es unbegreiflich, daß man das Christenthum als ein Werk Gottes ansehen könne. „Welche traurige Rolle", sagte er, „läßt man hier Gott spielen! Er schickt seinen einzigen Sohn, der selbst Gott ist, in die Welt, er bringt sich selbst zum Opfer, um sich mit seinen Geschöpfen zu versöhnen, er wird Mensch, um die sündige Menschheit zu verbessern — und was ist das Resultat aller dieser unerhörten Anstrengungen? Die Welt bleibt grade so schlecht wie sie vorher war. Wo ein einfacher Akt seines allmächtigen Willens genügt hätte, sollte er so unzureichende Mittel angewendet haben?" — „Der Name des höchsten Wesens wird hier nur lächerlich gemißbraucht von geistlichen Betrügern, die sich seiner bedienen, um ihre verbrecherischen Leidenschaften damit zu verschleiern." Die Apostel nennt er „Schwärmer" und die nur durch die trostlosen Zustände des römischen Kaiserreichs möglich gewordene Einführung des Christenthums eine der Ursachen der mittelalterlichen Barbarei.

Besonders erbost ist Friedrich auf die christliche Dogmatik und auf die widersinnigen Dogmen von der Dreieinigkeit, von der Transsubstanziation, von der übernatürlichen Erzeugung Christi u. s. w. Er nennt den historischen Theil der christlichen Religion „Fabeln, die ungereimter, thörichter und lächerlicher seien, als die ausschweifendsten

Erfindungen des Heidenthums"; nur eine „alberne, stupide Leichtgläubigkeit" könne sie für wahr halten. „Kann man sich", so schreibt er an Voltaire, „eine schrecklichere und gotteslästerlichere Ungereimtheit denken, als diejenige, daß man seinen Gott esse. Dieses Dogma in der christlichen Religion empört am meisten, beleidigt das höchste Wesen am stärksten und ist der höchste Grad von Unvernunft und Wahnsinn." Was würde der große König sagen, wenn er heute lebte und hören würde, daß zu den alten inzwischen zwei neue Dogmen hinzugekommen sind, welche womöglich noch widersinniger sind, als ihre Vorgänger — das Dogma von der Unfehlbarkeit des Papstes und dasjenige von dem unbefleckten Empfangensein der Jungfrau Maria!

„Bei den Griechen und Römern", schreibt er an Voltaire, „konnte die Philosophie gedeihen, da die heidnische Religion keine Dogmen hatte. Bei uns verderben die Dogmen alles." Das berühmte Voltaire'sche „Ecrasez l'infâme" wird von Friedrich öfter in Anwendung gezogen. Indessen verstand er darunter weniger die christliche Religion, als vielmehr die christliche Kirche, insbesondere die römisch-katholische oder die römische Hierarchie. Gegen letztere und speziell gegen den Papst erlaubt er sich die stärksten Aeußerungen. In einem Brief an die Herzogin von Gotha nennt er den Papst den „Betrüger der Betrüger" und die katholische Kirche einen „Palast, in welchem die Dummheit, umgeben von Unvernunft, Irrthum und Leichtgläubigkeit, auf der sedes stercoraria thront." An d'Alembert schreibt er: „Eine den Philosophen günstige Gottheit hat statt des heiligen Geistes einen Geist der Verkehrtheit und Thorheit dem heiligen Vater zugesandt, der ihm mächtige Irrthümer und Ungereimtheiten eingibt. — — Wie wird der ewige Vater erstaunen, wenn er hört, welche Riesen der Papst sich erkühnt hat, in den Bann zu thun! Wahrhaftig, er verdiente, daß diese gesalbten Majestäten ihm Aepfel in's Gesicht würfen." Weiter: „Ich wollte ebenso lieb Schuhflicker als Papst in diesem Jahrhundert sein. Das Blendwerk hat aufgehört, und der armselige Charlatan schreit unablässig die Tropfen aus, die Niemand mehr kauft." Weiter: „Der Papst, der Mufti, die Derwische und die Mönche sind in diesem Jahrhundert dazu da, um uns was zum Lachen zu geben. Ehemals machten sie die Welt seufzen." Freilich war es das Jahrhundert der Aufklärung, in welchem der große König Solches schrieb; für unser Jahrhundert scheinen die Worte leider weniger passend, und die Zeit, wo sein Wort in Erfüllung gehen soll: „Der Papst und die Mönche werden ohne Zweifel ein Ende nehmen, aber nicht durch die Vernunft, sondern durch äußere Umstände — das Gebäude der römischen Kirche steht im Begriff zusammenzubrechen; es zerfällt vor Alter" — scheint leider in Folge der Dummheit und Unwissenheit der großen Massen noch ziemlich entfernt zu sein.

In der Epistel „Ueber die Freiheit" heißt es: „Ein dreister Papst, voll Wollust oder Stolz, regiert im Vatikan des Himmels Loos, im Donner schleudert er den Bannstrahl ab. Man siehet Thorheit, Ehrsucht, Irrthum, List und Aberglauben, ränkevollen Geiz, allmächtigen Eigennutz dicht neben ihm gebieten, was getäuscht die Erde glauben soll — — die Flamme lohnet den, der gut gedacht, und tief verblendet beugt Europa sich vor einem Papst u. s. w."

In dem bekannten Bericht des Chinesen Phihihu über

seine in Europa empfangenen Eindrücke hat Friedrich eine beißende Satyre gegen das Papstthum verfaßt und schreibt darüber an b'Argens: „Das Werkchen hat den Zweck, dem heiligen Vater eins zu versetzen, weil er die Degen meiner Feinde segnet und königsmörderischen Mönchen eine Freistatt gibt. Ich allein habe es gewagt, die Stimme zu erheben und den Schrei der beleidigten Vernunft gegen das schändliche Benehmen dieses Oberpriesters des Baal laut werden zu lassen." Noch als Greis spricht Friedrich die Sehnsucht aus, der Hydra des Papstthums den Kopf zertreten zu können.

Die bis auf den heutigen Tag nicht zur Ruhe gekommene Frage von der weltlichen Herrschaft des Papstes, dessen Anhänger das Wort Christi: „Mein Reich ist nicht von dieser Welt" ganz vergessen zu haben scheinen, antwortete Friedrich bereits ganz im negativen Sinne. „Man kann", sagt er, „ein sehr guter Katholik sein und nichtsdestoweniger dem Stellvertreter Gottes seine irdischen Besitzungen abnehmen, die ihn gar zu sehr von seinen geistlichen Pflichten abziehen und sein Seelenheil auf's Spiel setzen." Daß er dem Mönchsthum ebenso feindlich gegenüberstand wie dem Papstthum, ist selbstverständlich. „Ein Mönch", schreibt er an b'Alembert, „ist an und für sich verächtlich und kann im Staate keine andere Achtung genießen, als die ihm das Vorurtheil der Heiligkeit seines Amtes verschafft. Aberglaube ernährt ihn, Andächtelei ertheilt ihm Ehre, und Schwärmerei macht ihn zum Heiligen. In allen den Städten, wo die meisten Klöster sind, herrscht auch der meiste Aberglaube und die größte Intoleranz."

Sehr richtig und scharf beurtheilte Friedrich auch die

Gefährlichkeit des Papstthums und der Priesterschaft für die Politik und für die staatliche Entwicklung der Völker. „Die Priester", sagte er, „welche die Gewissen beherrschen und keine anderen Oberen als den Papst haben, sind mehr Herrscher über die Völker, als der regierende Fürst selbst. Nichts ist daher so gefährlich, als wenn die Katholischen in einem Lande die Oberhand haben. Ein protestantischer Fürst ist weit mehr Herr in seinem Lande." Dieses scheint unvereinbar mit der auffallenden Duldung, welche er den Jesuiten in seinen Landen gewährte, nachdem der gefährliche Orden durch Papst Clemens XIV. im Jahre 1733 aufgehoben worden war — eine Duldung, welche ihm oft zum Vorwurf gemacht worden ist. Aber diese Duldung geschah nicht aus Vorliebe für den verhaßten Orden selbst. Im Gegentheil ergeht er sich in den schärfsten Ausdrücken gegen denselben, dessen Angehörige er grabezu mit dem epitheton ornans eines „schädlichen Gewürms" belegt. In seiner Epistel an d'Alembert heißt es: „Ein Orden, dem Ignaz (von Loyola) die Regel gab, entspinnt in seinem Schooße Mord, der Staaten und der Bürger Untergang." An Voltaire schreibt er: „Ich verachte, wie ich Ihnen versichern kann, die Jesuiten zu sehr, als daß ich ihre Werke läse. Die Beschaffenheit ihres Herzens verdunkelt alle Vorzüge ihres Geistes." Ein ander Mal nennt er sie „Anhänger und Herolde des Fanatismus." Wenn er sie dennoch duldete, so geschah dieses aus einem durchaus praktischen Grunde, indem er sie nämlich für gute Lehrer und Erzieher hielt und an ihnen einen Ersatz für das in Folge der langen Kriege stark darniederliegende Schulwesen seines Landes zu finden glaubte. Er schreibt darüber sich entschuldigend an

Voltaire: „Ich behalte die Jesuiten nur zum Unterricht der Jugend bei. Der Papst hat ihnen den Schwanz abgeschnitten, und nun können sie nicht mehr wie Simsons Füchse die Häuser der Philister in Brand stecken. — — Wenn Sie mir meine Jesuiten nicht vorwerfen, so will ich Ihnen auch nichts über Ihre Franziskaner sagen. Wir können es gegen einander aufgehen lassen." An d'Alembert schreibt er über denselben Gegenstand: „In Beziehung meiner Person können Sie ohne Besorgniß sein; ich habe von den Jesuiten nichts zu fürchten. Der Franziskaner Ganganelli (Papst Clemens — der Verf.) hat ihnen die Klauen abgeschnitten, hat ihnen neulich auch noch die Backenzähne ausgerissen und sie in einen Zustand versetzt, wo sie weder kratzen noch beißen, wohl aber die Jugend unterrichten können, wozu sie fähiger sind, als der ganze übrige Haufe der Mönchskappen." —

Zu de Catt sagte er, daß sich die Jesuiten allein gut auf die Erziehung der jungen Leute verstünden, welche ihnen anvertraut würden. Nach dem siebenjährigen Krieg trug sich Friedrich allerdings eine Zeit lang mit dem Gedanken der Ausweisung der Jesuiten aus seinen Landen. Aber er gab den Gedanken wieder auf, nachdem er sich überzeugt zu haben glaubte, daß keine ernstliche Gefahr mehr für die Landesinteressen von ihnen zu befürchten sei. Auch fühlte er sich der Mann dazu, um jede jesuitische Einmischung dieser Art zu verhindern, und es machte ihm Vergnügen, sich über die Komik, die darin lag, daß die Jünger Loyola's grade an ihm ihren Beschützer finden sollten, mit gutem Humor hinwegzusetzen. Wie würde der große König gelacht haben, wenn er den Canossa-Gang der mächtigen deutschen Staatslenkung der Gegenwart zu der Jesuitenpuppe in Rom hätte mitansehen können!

Im Gegensatz zu dem Katholicismus war Friedrich entschiedener Anhänger der Reformation und des Protestantismus. Allerdings war ihm die protestantische Dogmatik nicht weniger verhaßt als die katholische, und seine Angriffe gelten, wie Zeller (Friedrich der Große als Philosoph, 1886, S. 140) bemerkt, der kirchlichen Lehre in einem solchen Umfang, daß die Lehrunterschiede der Confessionen dagegen verschwinden. Er tadelt auch den verkehrten Glaubenseifer und die Unduldsamkeit der protestantischen Theologen ebenso wie denjenigen der katholischen und übersieht nicht, daß bei der Einführung des Protestantismus weltliche Beweggründe eine große Rolle gespielt haben. Nichtsdestoweniger betrachtete er sich — worauf schon in seiner Lebensbeschreibung hingewiesen wurde — mit vollem Recht als Vorkämpfer des deutschen Protestantismus gegen Oesterreich und Rom und nimmt demgemäß seine Stellung. So erhielten die Salzburger Protestanten, welche um ihres Glaubens willen aus Salzburg vertrieben worden waren, und denen sein Vater Wohnsitze in Preußen gewährt hatte, von ihm die lebhafteste Unterstützung. Andrerseits gewährte er aber auch seinen katholischen Unterthanen dieselbe Schonung oder Unterstützung, wie den Protestanten oder Jesuiten, weil er eben in Religionssachen von dem Grundsatz absolutester Toleranz oder Duldung ausging und das Princip voller Freiheit der religiösen Meinung und des religiösen Cultus hochhielt.

Diese Freiheit der Meinung oder absolute Toleranz war ihm, wie gesagt, oberstes Princip, und nichts in der

Welt war ihm mehr verhaßt und widerwärtig, als Glaubens- und Gewissenszwang oder als Fanatismus und Unduldsamkeit. Auch hierüber finden sich zahllose bezeichnende Aussprüche in seinen Schriften, Briefen oder Verordnungen. Schon in seinem berühmten, alsbald nach seinem Regierungsantritt erlassenen und bereits erwähnten Rescript vom 22. Juli 1740 heißt es in dieser Beziehung: „Die Religionen müssen tolerirt werden, und muß der Fiskal nur ein Auge darauf haben, daß keine der andern Abbruch thue; denn hier muß Jeder nach seiner Façon selig werden." In einer vom soeben bestiegenen Thron gehaltenen Thronrede heißt es: „Auch über meine Unterthanen soll die Morgenröthe der Philosophie aufgehen. Herrschsüchtige Priester sollen die Freiheit nicht einschränken. Keine Religion soll herrschen. Gleiche Freiheit allen Dogmen! Keine allgemeine Religion! Jeder Geistliche wäre sonst ein Tyrann, alle würden die Aufklärung als ihren gemeinschaftlichen Feind verfolgen und die Dummheit unter dem Namen der Frömmigkeit als Idol aufstellen." In einem heftigen Streit, der über die Einführung eines neuen Gesangbuchs mit den pommerschen Landständen entbrannt war, und der ihm zur Entscheidung vorgelegt wurde, entschied er, daß es jede Gemeinde mit dem alten und neuen Gesangbuch (obgleich das neue besser sei) halten könne, wie sie wolle. Dem Kabinetsbescheid vom 18. Januar 1781 fügte er eigenhändig bei: „Ein Jeder kann bei mir glauben, was er will, wenn er nur ehrlich ist. Was die Gesangbücher angeht, so steht einem Jeden frei zu singen: „Nun ruhen alle Wälder" oder dergleichen dummes und thörichtes Zeug mehr. Aber die Priester müssen die Toleranz nicht ver-

gessen; denn ihnen wird keine Verfolgung gestattet werden."
Friedrich glaubte eben, wie Büsching (Charakter Friedrich's II. 1789) bemerkt, es gehöre mit zu seiner landesfürstlichen Toleranz, seinen Unterthanen zu erlauben, in Religionsmaterien dumm zu bleiben, wenn sie es verlangten — ein Grundsatz, der freilich von einem allgemeineren Standpunkte aus kaum gebilligt werden kann. Denn Toleranz gegen Dummheit und Lüge ist Intoleranz gegen Wahrheit und Aufklärung. Auch Friedrich selbst scheint so Etwas empfunden zu haben, da er, gewissermaßen sich selbst entschuldigend, an b'Alembert schreibt: „Beschuldigen Sie mich zu weit getriebener Toleranz! Auf diesen Fehler werd' ich stolz sein, und es wäre zu wünschen, daß man den Fürsten keine andern als solche Fehler vorzuwerfen hätte." Und ein ander Mal: „Man kann verschiedener Meinung sein, ohne sich zu hassen und hauptsächlich ohne sich zu verfolgen. Ich habe den Verfasser des „Systems der Natur" widerlegt, weil mich seine Gründe nicht überzeugten. Wollte man ihn aber verbrennen, so würde ich Wasser zutragen, um seinen Scheiterhaufen zu löschen!"

Und nun vergleiche man mit dieser milden und edeln Gesinnung den grenzenlosen Haß und die unstillbare Wuth, mit welcher heutzutage religiöse sowohl wie politische Freidenker von den herrschenden Parteien verfolgt werden! Indessen darf man die Hoffnung nicht aufgeben, daß eine Zeit kommen könne oder werde, in welcher an die Stelle des geistlichen und weltlichen Despotismus ein solcher der Freiheit und Aufklärung, wie unter der Regierung eines Friedrich's II., eines Josef II., eines Kaisers Akbar, eines Mark Aurel u. s. w. zu treten bestimmt ist.

Für das Sektenwesen hegte Friedrich eine tiefe Verachtung. „Sekten", sagte er, „würden dadurch am besten zur Vernunft gebracht, daß man sie „meprisire"." Dennoch gewährte er, entsprechend seinem Toleranzgrundsatz, allen Sekten gleiche Duldung, so u. A. den angegriffenen Herrnhutern, obgleich er dieselben für eine „miserable Sekte" erklärte. Seine Toleranz erstreckte sich sogar auf nichtchristliche Confessionen, indem er eine Zeitlang den ernstlichen Plan verfolgte, die an der preußisch-polnischen Grenze wohnenden muhammedanischen Tartaren unter Gewährleistung ihrer Religionsfreiheit zur Besiedelung seines schwach bevölkerten Landes zu veranlassen. Auf die Bittschrift eines Katholiken zur Niederlassung in Magdeburg schrieb er die Randbemerkung: „Alle Religionen sind gut, wenn nur die Leute ehrliche Leute sind; und wenn Türken und Heiden kämen und wollten das Land bevölkern, so wollten wir ihnen Moskeen und Tempel bauen."

Wenn in Friedrich etwas von Fanatismus war, so war es der eingefleischteste Haß gegen den Fanatismus. „Den Fanatismus zerstören", schreibt er, „heißt die Quelle der traurigsten Spaltungen und Feindseligkeiten austrocknen, die dem Gedächtniß Europas noch gegenwärtig sind, und von denen man bei allen Völkern blutige Spuren entdeckt." — „Wer den Fanatismus bekämpft, der entwaffnet das grausamste und blutdürstigste Ungeheuer." — „Die Wirksamkeit der Philosophie besteht hauptsächlich darin, daß sie gegen Fanatismus und Unduldsamkeit schützt." — Für die Fürsten gibt es keine gefährlichere Klippe, als den Fanatismus, „welcher den Mördern als Lohn ihrer Verbrechen den Himmel öffnet und die Palme des Märtyrers

verleiht." (Vide Bartholomäusnacht!) — „Der falsche
Religionseifer kann das vernünftigste Gehirn verdrehen,
wenn er einmal das Mittel gefunden hat, sich darin ein=
zuschleichen."

Diesem falschen Religionseifer gegenüber weiß Friedrich
nicht genug den Werth der Wahrheit und Wissenschaft
hervorzuheben. Die Rückberufung des Philosophen Wolff
nach Halle begründet er in einem Schreiben an Reinbeck
damit, „daß ein Mensch, der die Wahrheit liebt und sucht,
unter aller menschlichen Gesellschaft hochgehalten werden
müsse. — „Das Zeugniß, einige Wahrheiten entdeckt und
einige Irrthümer beseitigt zu haben", sagt er weiter, „ist
nach meiner Meinung die schönste Trophäe, welche die
Nachwelt dem Ruhm eines großen Mannes errichten kann."
Weiter: „Das größte Glück, das ein vernünftiger Mensch
auf dieser Welt haben kann, besteht nach meiner Ansicht in
der Entdeckung neuer Wahrheiten."

Dabei hatte er großes Vertrauen in die Kraft der
Wahrheit. „Die Wahrheit", schreibt er, „braucht weder
Vertheidigung noch Gewalt. Sie braucht sich nur zu
zeigen, und sobald ihr Licht die Wolken zertheilt hat,
die sie verhüllten, ist sie ihres Sieges gewiß." Dieses ist
allerdings etwas zu optimistisch gedacht und steht im Wider=
spruch mit seinen starken Aeußerungen über die unverbesser=
liche Dummheit der Menschen und mit seiner weiteren Be=
hauptung, „daß die nackte Wahrheit über den Geist der
meisten Menschen nur wenig vermag; sie muß, um sich
zeigen zu können, Rang, Würde und die Protektion der
Mächtigen haben."

Nicht weniger enthusiastisch wie für die Wahrheit

äußerte sich Friedrich für Kunst und Wissenschaft. „Wir verdanken den Wissenschaften", sagt er, „die glücklichsten Augenblicke unsres Lebens. Wenn jede andre Freude vorübergeht, diese bleibt; sie ist unsre treue Gefährtin in jedem Alter und in jeder Lage." — „Die größte Freude eines denkenden Wesens ist, Gutes zu thun und Kenntnisse zu erwerben." — „Künste und Wissenschaften reichen sich die Hand; wir verdanken ihnen alles; sie sind die Wohlthäter des Menschengeschlechts." — „Die Wissenschaften machen den Geist sanft und mildern das Herbe der Rache, die Härte der Strafe, kurz alles, was souveräne Gewalt Strenges hat." — „Wen Kunst und Wissenschaft abgeschliffen haben, der gleicht einem Bären, den man tanzen gelehrt hat; Unwissende sind wie Bären, die nicht tanzen können." — „Nur Faulheit und Wahnwitz können die elende Widersinnigkeit behaupten, daß die Wissenschaften gefährlich oder nachtheilig seien." — „Schelme und Betrüger sind die Einzigen, welche sich dem Fortschritt der Wissenschaften widersetzen und es sich zur Aufgabe machen können, sie zu verleumden, weil sie die Einzigen sind, denen die Wissenschaften Schaden bringen." — Noch in höherem Alter schreibt er: „Ich bin mehr als je unter Büchern vergraben. Ich hasche nach der Zeit, die ich in meiner Jugend verloren habe, und sammle, soviel ich kann, einen Vorrath von Kenntnissen und Wahrheiten."

Dieser Wissensdrang des großen Königs war übrigens, wie es sich eigentlich bei einem Manne von seiner Qualität von selbst versteht, ein ganz universaler. Er haßte einseitiges Gelehrtenthum. „Nur Einen Stoff zur Belehrung zu wählen, nur an Einer Sache Gefallen finden, heißt die Fähigkeiten einengen, welche der Schöpfer dem menschlichen Geiste gegeben hat, der mehr als **eine** Kenntniß in sich aufnehmen kann." Das so weit getriebene einseitige Gelehrtenthum unsrer Tage mag sich das gesagt sein lassen!

Gleich hohe Achtung wie vor der Wissenschaft hatte Friedrich vor dem **Schriftstellerthum** und vor den **Schriftstellern**; er nennt die letzteren die „Gesetzgeber des menschlichen Geschlechts, welche die in Andern schlummernden Ideen erwecken und offenbaren." Dieses erscheint um so natürlicher, als Friedrich ja selbst Schriftsteller war, und zwar einer der bedeutendsten und fruchtbarsten. Die 1846—57 von der Berliner Akademie auf Befehl Friedrich Wilhelm's IV. veranstaltete Ausgabe seiner „Werke" (Oeuvres) umfaßt **dreißig** Bände, von denen sieben die historischen, zwei die philosophischen, sechs die poetischen Werke, zwölf die Correspondenz und die drei letzten die militärischen Werke umfassen. Man begreift kaum, wie es bei den vielen Kriegen und Regierungsgeschäften diesem rastlosen Geiste möglich war, in solcher Weise mit der Feder thätig zu sein. Er nennt die großen Schriftsteller die Wohlthäter nicht allein ihrer Zeitgenossen, sondern aller Jahrhunderte und schreibt an Voltaire: „Man findet Fürsten und Könige im Überfluß, aber Virgile und Voltaire's nur höchst selten." Welche Vorurtheilslosigkeit und Bescheidenheit im Munde eines Mannes, der selbst König war! Freilich war er zugleich von einer göttlichen Unbefangenheit gegenüber seinen gekrönten Collegen, von deren Mehrzahl er überhaupt eine sehr üble Meinung gehabt zu haben scheint. In dem französischen Original seines

„Cobicille" (XIII, 41—46) heißt es, daß, wenn man die damaligen Potentaten von Frankreich, Portugal, Spanien, Neapel, Sardinien, Dänemark, Schweden, Polen betrachte, man denken solle, daß man nicht König sein könne „sans qu'on soit une bête"!! Ihre Gehirne nennt er „perclus", d. h. gelähmt. Zu de Catt sagte er: „Überhaupt sind die Fürsten meistens Canaillen, und ihr Umgang gereicht Niemanden zum Vortheil." „Wie viele von ihnen", sagte er weiter, „müßten wegen ihrer Unbrauchbarkeit verhungern, wenn sie nicht auf einem Throne geboren wären!" Er hat auch eine Lob- oder Grabrede auf den Schuster Reinhart verfaßt, worin die Rechtschaffenheit und der Fleiß eines braven Kleinbürgers den tollen Ausschweifungen der Großen gegenübergestellt werden, und worin ausgeführt wird, daß ein rechtschaffner Mann als solcher mehr werth sei, als der mächtigste König. „Die Schmeichelei", sagte er darüber zu de Catt, „diese nichtswürdige Schmeichelei, deren man sich nicht erwehren kann, so lange man von jenen erlauchten Undankbaren (d. h. Könige und Fürsten — der Verf.) spricht, hat meine Feder bei der Abfassung der Lobrede auf meinen Schuster nicht befleckt." In ähnlicher Weise ermahnt der König in seinem Testament seinen Nachfolger, daran zu denken, daß es nur der Zufall oder das Erstgeburtsrecht ist, was die Könige macht; daß man aber, um wirklich König zu sein, auch besser sein müsse, als die Andern.

Freilich übte der große König dieselbe Unbefangenheit oder Schärfe der Kritik, wie gegen seine gekrönten Collegen, auch gegen sich selbst und seine eignen Verdienste. Er war gleichgültig gegen irdische Größe und gegen seinen eignen

Ruhm als Feldherr, obgleich er gewiß Grund genug gehabt
hätte, sich etwas darauf einzubilden. Offenbar war er
Kriegführender und Feldherr mehr aus Nothwendigkeit, als
aus Neigung. Auch faßte er mehrmals den ernstlichen
Plan, die Regierung niederzulegen und sich in die Einsam=
keit zurückzuziehen oder, wie er zu de Catt sagte, „als
Weiser eine Zwischenzeit zwischen die Mühen des Lebens
und den Tod zu legen." Aber der Tod seines geliebten
Bruders, dem er die Regierung zu übergeben gedachte, ließ
diesen Plan nicht zur Ausführung kommen. „Wenn ich
nur Rücksicht auf meine Person zu nehmen hätte", äußerte
er, „würde ich weit lieber als Privatmann, als in der
glänzendsten Stellung leben." „Ach mein Lieber", sagte er
zu de Catt, „ich habe es Ihnen schon so oft gesagt und
werde nicht müde, es zu wiederholen: Glücklich, wer ruhig
und zufrieden im Besitze eines kleinen Vermögens lebt!"
Nach der unglücklichen Capitulation von Maxen hatte er
den festen Plan zur Erbauung eines Landhauses entworfen,
in welches er sich zurückziehen und im Umgang mit Freunden
und verwandten Geistern bloß den Studien leben wollte.
Hunderttausend Thaler Einkünfte, sagte er zu de Catt,
würden für alle seine Bedürfnisse genügen. „Ich würde
mir einige ehrenhafte, aufgeklärte und entgegenkommende
Freunde erwählen, deren keiner jedoch ein Schmeichler sein
dürfte. Ich würde nicht zu nahe an einer Stadt wohnen,
um nichts von Königthum und Ehrfurchtsbezeugungen zu
sehen. — — Auf diese Weise, mein Freund, würde ich das
Stückchen Lebensweg, das mir noch übrig bleibt, mit
Blumen bestreuen, u. s. w." Friedrich's feste Überzeugung
von der Vergänglichkeit oder Nichtigkeit alles Irdischen

schützte ihn eben gegen jede persönliche Eitelkeit, obgleich er so vielen Grund zu solcher Eitelkeit gehabt hätte. Dieses ging so weit, daß er nicht einmal ein Portrait von sich abnehmen lassen wollte. „Man muß", äußerte er, „Apoll, Mars oder Adonis sein, um sich malen zu lassen. Da ich aber nicht die Ehre habe, einer von diesen Herren zu sein, so habe ich mein Gesicht dem Pinsel entzogen, so viel es von mir abhing." Welch' ein Gegensatz gegen heute, wo man an keinem Bilderladen vorbeigehen kann, ohne die Bilder gekrönter Häupter in allen denkbaren Situationen zu Dutzenden hängen zu sehen!

„Ich werde es mir nie nehmen lassen", schreibt Friedrich in einem Brief an seinen Bruder, „daß ein Mensch, er mag noch soviel Lärmen in der Welt gemacht haben, doch im Vergleich mit dem Universum ein unendlich kleines Wesen, ein unbemerkbares Atom ist." — „Die Handlungen, denen man den größten Glanz zuschreibt, sind in Wahrheit nur Kinderspiele." An d'Alembert schreibt er: „Das Lob, das wir uns einander spenden, ist ungefähr soviel werth, als wenn man eine Ameise eine Lobrede auf die andre halten hörte." An d'Argens schreibt er: „Könnte irgend ein Dunst der Eitelkeit mir zu Kopf steigen, so würde es durch Ihre Briefe geschehen. Im Vergleich zu Alexander bin ich nur ein Straßenbube und nicht würdig, Cäsar die Schuhriemen zu lösen." In einem Briefe an Voltaire heißt es: „Die Erde ist ein Kothhaufen, ein Punkt im unermeßlichen All; unser Leben ist gegenüber der Ewigkeit ein Augenblick. Es ist Thorheit, in diesem Wirbel seine Wünsche auf eine lange Zeit auszudehnen", u. s. w.

Dieser pessimistischen Stimmung und Weltanschauung

gegenüber ist es um so mehr anzuerkennen, daß Friedrich der Große, den das Schicksal auf einen so hohen Posten gestellt hatte, und nachdem er einmal die Pflichten des Herrschers übernommen hatte, den Aufgaben seiner Stellung in einer Weise nachkam, welche unsre höchste Bewunderung erregen muß, und wie sie seinem hohen Pflichtgefühl entsprach. Dieses Pflichtgefühl spricht sich am Deutlichsten in dem bereits citirten Wort aus: „Es ist nicht nöthig, daß ich lebe, wohl aber, daß ich meine Pflicht thue." Es hat wohl kaum jemals einen Fürsten gegeben, welcher die Aufgabe des Regenten in einem ernsteren und zugleich idealeren Sinne genommen hat, als er. Zeugniß dafür liefern nicht bloß sein Leben und seine Thaten, sondern auch seine gradezu zahllosen, die edelste Gesinnung und die höchste Begeisterung für das Staatswohl athmenden Aussprüche, welche namentlich in seinem Anti=Machiavell enthalten sind. Friedrich's politischer Standpunkt war eigentlich mehr der eines enragirten Volkstribunen und Demokraten, ja sogar Republikaners, als der eines absoluten Monarchen. „Alle Menschen", so führt er aus, „sind von Geburt gleich und haben gleiche Rechte und gleiche Pflichten. Nicht hohe Geburt, sondern Verdienst muß entscheiden. Wir Fürsten müssen Andere so behandeln, wie wir von ihnen behandelt zu sein wünschen; ein Fürst darf nie aus den Augen lassen, daß er ein Mensch ist, wie der geringste seiner Unterthanen. Sicherlich ist kein Mensch geboren, um der Sclave seines Nebenmenschen zu sein; es gibt kein Gefühl, das von unserm Wesen so unzertrennlich wäre, als dasjenige der Freiheit." — — Friedrich's republikanische Gesinnung verräth sich sehr deutlich in der in seinen

„Oeuvres" (I, S. 239) enthaltenen Aeußerung: „In der Monarchie sterben die guten Könige. In den Republiken sind die guten Gesetze unsterblich." Weiter: „Der Fürst soll nur der erste Diener des Staates und des Volkes sein, während der Despotismus die Welt in eine Hölle verwandelt." Das Verhältniß zwischen Fürst und Volk faßte er nicht wie dasjenige von Herrscher und Unterthan, sondern als ein solches voller Gegenseitigkeit auf. Indem er vom Kriege und seinen Schrecken sprach, sagte er: „Diese armen Leute opfern sich für mich auf, und ich sollte mich nicht für sie opfern!" Mit seinen armen Soldaten hatte er das tiefste Mitgefühl. „Ihre Leiden", sagte er zu de Catt, „haben mich auf's Aeußerste gerührt, und wenn die braven Leute meinetwegen so viel ertragen müssen, bin ich ihnen nicht auch meinerseits das Opfer meiner Ruhe schuldig?" Wie der große König dieser Verpflichtung gerecht geworden ist, weiß die Welt. Die Aufgabe des Regenten selbst faßte er, wie bereits bemerkt, in einer ebenso ernsten wie idealen Weise. „Meine Hauptbeschäftigung", sagte er, „in den Ländern, zu deren Herrscher mich der Zufall gemacht hat, besteht darin, Unwissenheit und Vorurtheile zu bekämpfen, die Geister aufzuklären, die Sitten zu pflegen und die Menschen so glücklich zu machen, wie möglich." — „Das Leben guter Fürsten sollte eine unaufhörliche Thätigkeit sein, sie müssen möglichst viele Kenntnisse erwerben und gut und richtig denken lernen." — „Die Geschichte eines Königs soll in der Aufzählung der Wohlthaten bestehen, die er seinem Volke zu Theil werden läßt." — „Ein Fürst ist strafbar, wenn er den Schweiß seines Volkes in Luxus und Ausschweifungen vergeudet.

Er muß als leuchtendes Beispiel aller Tugenden seinen Unterthanen vorangehen." Daher war auch Sparsamkeit und Schonung der Steuerkraft des Volkes, wie sie bereits sein Vater in vielleicht allzu hohem Grade geübt hatte, eine der Haupttugenden des großen Königs, und er würde sich nicht wenig gewundert haben, wenn er hätte vernehmen können, welche fabelhaften Summen von heutigen Potentaten in Form von sog. Civillisten aus dem Staatssäckel in Anspruch genommen werden, oder wie die Steuer- und Consumtionskraft der Staatsbürger durch Zölle, Einfuhrverbote und Abgaben jeder Art auf das Aeußerste angespannt oder eingeschränkt wird.

Fast noch mehr als durch seine Tugend der Sparsamkeit unterschied sich Friedrich von seinen heutigen Collegen durch seine starke Abneigung gegen die Jagd, welche er für eine eines Fürsten durchaus unwürdige Beschäftigung erklärte. Zwar betrieb er sie in seiner Jugend, um den Wünschen seines Vaters gefällig zu sein; aber er that dieses nur mit äußerstem Widerwillen. „Stellte man ihn auf den Anstand", so erzählt Koser (a. a. O.) „so zog er ein Buch aus der Tasche; und dann wunderte man sich, daß er kein Wild zur Strecke brachte." Wusterhausen war für ihn wegen der ewigen, dort abgehaltenen Parforcejagden ein Ort des Schreckens. Später äußerte er sich in den stärksten Ausdrücken gegen die Jagd, welche er für geist- und zeittödtend hielt und die, wie er sagte, nicht viel nützlicher sei, als das Ausfegen eines Kamins. „Die Jagd", sagt er wörtlich, „ist nicht die eines denkenden Menschen würdige Beschäftigung; und Diejenigen, welche ein Gewerbe aus ihr machen, haben den Kopf nur voll mit Pferden, Hunden und andern Thieren." — „Von allen Vergnügungen ist die Jagd dasjenige, was einem Fürsten am wenigsten zukommt."

Ebenso entschieden wie die Jagd verurtheilte er auch das Duell, welches er für eine grenzenlose Dummheit und Frivolität erklärte. Er geht darin so weit, daß er gemeinsame Maßregeln aller europäischen Fürsten gegen das Duell verlangt oder vorschlägt. Was würde der große Freidenker sagen, wenn er hundert Jahre nach seinem Tode Duell und Jagd in voller Blüthe und die letztere als eine Hauptbeschäftigung seiner gekrönten Nachfolger erblicken würde! Wahrscheinlich würde er darin eine glänzende Bestätigung seiner pessimistischen Ansichten über die unverbesserliche Thorheit der Menschen finden.

In der inneren Politik und Verwaltung huldigte Friedrich, wie nicht anders zu erwarten, dem weitgehendsten Aufklärungssystem. Er war der unerschütterlichen Ansicht, daß es weit leichter sei, über ein gebildetes und aufgeklärtes Volk zu herrschen, als über ein dummes und unwissendes. „Je unterrichteter und gebildeter ein Volk ist", sagte er, „um so leichter ist es in Ordnung zu halten, und um so fähiger, dem Staate tüchtige Diener zu liefern." „Ich habe es nie begreifen können", sagte er zu de Catt, „wie mein Vater bei so viel Einsicht und Verstand nicht begreift, daß — — es das schlimmste Unglück für einen König ist, über unwissende und deswegen dem gemeinsten Aberglauben verfallene Unterthanen zu herrschen." — Daher richtete er sein Hauptaugenmerk auf die Hebung der Schulen und des Volksunterrichts und war unglücklich darüber, daß seine beschränkten Mittel ihm nicht gestatteten, hierin noch mehr zu thun. Er erklärte es als einen Beweis empörendster Tyrannei, daß der polnische Adel die Schulen nicht bloß vernachläſſigte, ſondern gradezu zerſtörte. „Ein Fürſt", ſo faßt er ſeinen Standpunkt in dieſer wichtigen Sache zuſammen, „welcher bloß durch Furcht herrſchen will, verwandelt ſeine Unterthanen in niederträchtige Sclaven und wird bei all ſeiner Mühe nur den Ruf eines geſchickten Zuchtmeiſters davontragen. Ich wünſche, ein edles, kühnes, freidenkendes Volk zu beherrſchen, ein Volk, das Macht und Freiheit hätte, zu denken und zu handeln, zu ſchreiben und zu ſprechen, zu ſiegen und zu ſterben. Mögen ſie doch zuweilen die ihnen gegebene Freiheit mißbrauchen, um die beſten Thaten zu verkleinern. Ich bin deſto ſicherer vor dem niedrigen Geſchmeiß der Schmeichler und lerne die göttliche Kunſt zu verzeihen." Welcher ſchneidende Gegenſatz zu der politiſchen Gegenwart, in der man durch fortwährend geſteigerte Polizeimaßregeln und häßliche Ausnahmsgeſetze die Freiheit, zu denken, zu ſprechen, zu ſchreiben und zu handeln, nach Kräften einzuengen und einen großen Theil der Staatsbürger an der Vertheidigung ihrer natürlichen Intereſſen oder an der Offenbarung ihrer Meinungen zu verhindern ſucht!

Ganz dieſelben Grundſätze, wie in der inneren, bethätigte Friedrich auch in der äußeren Politik, in welcher er alle krummen oder Schleichwege haßte und die damals noch ziemlich allgemein herrſchende Betrugs- und Hintergehungs- oder Intriguen- und Schacherpolitik der Großmächte auf das Entſchiedenſte verdammte. Die Treuloſigkeit der engliſchen Regierung, welche 1762 trotz ihres Bündniſſes mit Friedrich nicht allein mit Frankreich ihren

Separatfrieden schloß, sondern auch hinter seinem Rücken mit Rußland und Oesterreich Verhandlungen anknüpfte, bei denen diesen Höfen preußische Provinzen angeboten wurden, brandmarkt er auf's Unumwundenste. Wenigstens bei den Fürsten, so meint er, wenn sonst nirgends, sollte doch noch Ehre und Treue zu finden sein. Aber, so bemerkt er weiter satyrisch, wenn Fürsten Krieg wollen, so beginnen sie ihn und lassen dann einen arbeitssamen Rechtsgelehrten kommen, der beweist, daß es also Recht sei. Überhaupt wollte ihm das ganze Getriebe der Politik der Gegenwart, wie Koser (a. a. O.) bemerkt, mit seinen Künsten, Listen und Ränken ein kindisches Knabenspiel dünken, in welchem derjenige gewinnt, der am feinsten getäuscht hat. „Der offne, ungeschminkte Bruch von Treue und Glauben, die Verleugnung des Edelmuths und die offne Hervorkehrung der Interessenpolitik lassen die ganze Schlechtigkeit des menschlichen Herzens, die selbst über den äußeren Schein der Tugend sich hinwegsetzt, zu Tage treten."

Die Besprechung der inneren Aufklärungspolitik Friedrich's des Großen führt ganz wie von selbst auf dessen Ansichten über Erziehung und Unterricht, welche beide selbstverständlich in seinen Augen von enormer Wichtigkeit sein mußten. Sein größter Schmerz war, wie bereits erwähnt wurde, daß die Kosten des Krieges ihm nicht genug Geld für Schul= und Unterrichtszwecke übrig ließen. Dennoch geschah, was irgend möglich war, und hunderte von Schulen wurden unter seiner Regierung neu gegründet. Namentlich richtete Friedrich sein Augenmerk auf Volksschulen und Volksunterricht, sowie auf Einführung allgemeiner Schulpflicht. „Die Erziehungsmethode", sagte er, „ist mangelhaft; man verbessere sie, und man wird Sittlichkeit, Tugend und Talente wieder aufblühen sehen." Weiter: "Je älter man wird, um so mehr bemerkt man die Nachtheile, welche die vernachlässigte Erziehung der Tugend der Gesellschaft zufügt; ich wende alle meine Kräfte an, um diesem Mißbrauch abzuhelfen, wenn ich auch selbst die Früchte davon nicht genießen werde." Auch die Hebung und Bildung des weiblichen Geschlechts, für welche ja in den letzten Jahrzehnten so viel gearbeitet worden ist, fand in dem großen König einen warmen Fürsprecher. Seine eignen liberalen Erziehungsgrundsätze, bei denen es ihm hauptsächlich auf Erweckung von Abscheu gegen Aberglauben und Fanatismus ankam, hat Friedrich in einer Reihe von Vorschriften niedergelegt, welche er für die, zwei Jahre nach dem siebenjährigen Krieg von ihm gegründete Ritter-Akademie für Söhne aus abligen Häusern gegründet hatte. Er verfaßte sogar einen Katechismus der Moral für die Anstalt und betonte in jenen Vorschriften vor Allem, daß die jungen Leute nicht bloß zum gedächtnißmäßigen Lernen, sondern zum eignen Nachdenken und Urtheilen, sowie zur Veredlung der Gesinnung erzogen werden sollten. Was das Erlernen der alten oder klassischen Sprachen in den höheren Unterrichtsanstalten betrifft, so war er zwar als warmer Freund der alten Klassiker nicht dagegen, forderte aber mit vollem Recht und in Uebereinstimmung mit einer in der Gegenwart mehr und mehr zur Geltung gelangenden pädagogischen Richtung, daß weniger Werth auf die Grammatik, als vielmehr auf das Eindringen in den Geist und die Denkweise der alten Schriftsteller gelegt werde. Daher wollte er auch, daß die Schriften der Klassiker nicht nur in der Ursprache, sondern auch in guten Uebersetzungen gelesen werden sollten, obgleich das damalige barbarische Deutsch allerdings dazu wenig geeignet war. Doch hoffte Friedrich mit Sicherheit auf eine allmäliche Verbesserung der deutschen Sprache, was ja auch inzwischen vollkommen zur Wahrheit geworden ist.

Dieses führt mich auf den bekannten und schweren Vorwurf, welchen man Friedrich dem Großen wegen angeblicher Verachtung der deutschen Sprache und Bevorzugung des Französischen, sowie wegen seiner Vorliebe für französisches Wesen gemacht hat. Dieser Vorwurf erscheint mir ungerecht. Friedrich macht der deutschen Sprache allerdings den für jene Zeit mehr oder weniger gerechtfertigten Vorwurf der Unbeholfenheit, des Mangels an Grazie oder Anmuth, während er der französischen Sprache Eleganz, Feinheit, Energie und eigenartige Anmuth nachrühmt, und sagt zur Entschuldigung des Umstandes, daß er seine Schriften in dieser letzteren Sprache abgefaßt hat: „Ein Autor kann nicht gut schreiben, wenn die Sprache, in der er schreibt, keine gebildete ist". Er gibt aber auch ausdrücklich zu, daß dieser Zustand ein vorübergehender sei, und spricht die feste Hoffnung auf ein Besserwerden aus. „Zwei oder drei Genies", schreibt er an Voltaire, „werden die Sprache säubern und sie weniger barbarisch machen. Wir werden unsre klassischen Schriftsteller haben, und es kann dahin kommen, daß unsere verfeinerte und verbesserte Sprache von einem Ende Europas bis zum andern gelesen werden wird. Diese schönen Zeiten sind nahe, aber ich werde sie nicht erleben. Ich sehe wie Moses das gelobte Land von ferne, komme aber nicht selbst hinein." Wie sehr diese schöne Prophezeiung durch Männer, wie Lessing, Wieland, Herder, Klopstock, Schiller, Goethe u. s. w. in Erfüllung gegangen ist, weiß die Welt. „Ich selbst", fährt er in jenem Brief weiter fort, „hätte gerne dazu beigetragen; aber ein Drittel meines Lebens mußte ich im Kriege zubringen und zwei Drittel dazu benutzen, um die Leiden desselben wieder gut zu machen."

Wie wenig Friedrich Deutsche und Deutschthum mißachtete, zeigen seine Aeußerungen über dieselben. „Mangel an Geist", sagt er 1737, „ist der Fehler der Deutschen nicht; der gesunde Menschenverstand ist ihnen zu Theil gefallen, ihre Eigenart ist der der Engländer ziemlich verwandt. Die Deutschen sind arbeitsam und tief." Nur tadelt er das damit zusammenhängende Uebermaß der Gründlichkeit. „Ihre Bücher sind von einer erdrückenden Weitschweifigkeit. (Wie wahr! — der Verf.) Könnte man meine Landsleute von ihrer Schwerfälligkeit heilen und eine etwas vertrautere Bekanntschaft zwischen ihnen und den Grazien vermitteln, so würde ich nicht daran verzweifeln, daß meine Nation noch große Männer hervorbringt." — „Man behauptet, die Deutschen hätten keine geometrischen Köpfe, aber Leibniz und Kopernikus beweisen das Gegentheil." — „Der Boden, der einen Leibniz hervorbrachte, kann auch andre seiner Art hervorbringen." 1760 dichtete er eine Ode an die Deutschen, worin er ihnen ihre Thorheit vorhält, daß sie gegen ihn als ihren Befreier die Waffen erheben und mit eignen Händen ihr Grab graben, und worin er ihnen schließlich dennoch eine glänzende Zukunft prophezeit — eine Prophezeiung, welche ja inzwischen buchstäblich in Erfüllung gegangen ist.

Andrerseits war Friedrich weit davon entfernt, ein blinder Bewunderer der Franzosen und des Franzosenthums zu sein. Im Gegentheil übte er an beiden eine ebenso scharfe wie richtige, durch spätere Ereignisse vollkommen bestätigte Kritik. So schreibt er an die Herzogin von Gotha in seiner offnen und derben Weise: „Die Franzosen sind Narren, und diejenigen, welche lange dort bleiben, werden es gleichfalls." An Voltaire schreibt er: „Ihre Nation ist die inconsequenteste in ganz Europa; sie hat viel Geist, aber keine Folgerichtigkeit in ihren Ideen. Kurze Epochen von Klugheit müssen für eine lange Geschichte von Thorheiten entschädigen." In einem Briefe an d'Alembert heißt es: „In Frankreich gilt nur, was neu ist. Um die Franzosen nach Geschmack zu bedienen, müßte man ihnen alle zwei Jahre einen neuen König geben. Die Neuheit ist ihre Göttin." Man denke nur an die Ereignisse der letzten Jahrzehnte, um das ungemein Treffende dieses Urtheils zu begreifen! Weiter schreibt er an denselben: „Ich kann Ihnen nicht sagen, wie sehr mich Ihre Franzosen belustigen. Fortwährend neue Scenen mit Stoff zur Unterhaltung für ganz Europa! Dabei geht ihre Lebhaftigkeit leicht in Fanatismus und Grausamkeit über!" Wie sehr hat sich dieses Urtheil in der ersten französischen Revolution bestätigt! „Frankreich", schreibt Friedrich weiter, „besitzt große Philosophen; aber ich behaupte, daß der größte Theil der Nation abergläubischer ist, als irgend ein Volk in Europa." Dagegen rühmt er den Franzosen persönliche Liebenswürdigkeit nach und sagt, daß sie durch Geist, Geschmack und Feinheit des Urtheils alle andern Nationen überträfen. „Frankreich konnte Descartes und Malebranche hervorbringen, aber keinen

Leibniz, Locke oder Newton." Speziell über die Pariser äußert sich Friedrich in einer sehr abfälligen und in solcher Weise, welche der politischen Gegenwart als richtiger Fingerzeig dienen kann. „Ich bekümmere mich sehr wenig um das Geschrei der Pariser. Diese Wespen summen immer. Ihre Sticheleien sind nicht mehr werth, als die Schimpfwörter der Papageien, und ihre Urtheile so gewichtig, wie die Entscheidungen eines Affen über metaphysische Stoffe." In einer Epistel an Voltaire heißt es bei Gelegenheit eines vereitelten Friedensschlusses mit Frankreich:

„Bezaubernd Volk von liebenswürd'gen Narren,
Ihr sprecht von Frieden, und der Donner grollt." —

Nach dieser kurzen Abschweifung kehren wir wieder zu Friedrich's Ansichten über Erziehung und Unterricht zurück. In der Philosophie, so verordnet er in seinen Lehrplänen für höhere Unterrichtsanstalten, soll man alle vorhandenen Systeme lehren, aber kein neues machen, wobei er das Studium Locke's am meisten empfiehlt. Dagegen soll kein Geistlicher als Lehrer der Philosophie angestellt werden. Es wäre dieses, meint er, gerade so verkehrt, als wenn man die Kriegskunst durch Juristen lehren lassen wolle. Ueberhaupt sollen die „Pfaffen" von dem Schulunterricht möglichst entfernt gehalten werden. Die Religion soll nur als Moral und Religionsgeschichte bocirt werden. In dem Studium der letzteren erblickt er mit Recht das beste Mittel gegen Fanatismus und Glaubenseifer. Die Geschichte soll hauptsächlich in ihrer Anwendung auf die Gegenwart und als Mittel, um den Charakter der jungen Leute an großen Beispielen zu bilden, gelehrt werden Am wichtigsten ist die neuere, namentlich deutsche Geschichte seit Karl dem Großen, welcher der Vorrang vor allen andern Geschichtsfächern zukommt. Aber es soll dabei nicht bloß Rücksicht auf die Reihenfolge der Begebenheiten genommen, sondern auch die Kulturgeschichte gebührend berücksichtigt werden.

Auf den preußischen Universitäten, für deren nachhaltige Hebung und Vermehrung dem großen König leider die Geldmittel fehlten, führte er das Princip unbedingter Lehrfreiheit ein und traf Maßregeln, um dem studentischen Unfug und Duellwesen zu steuern, verbot das Tragen von Degen u. s. w. Was würde derselbe sagen, wenn er heute sehen könnte, wie dem Unfug des studentischen Duellwesens von Oben herab nicht nur nicht gesteuert, sondern wie dasselbe mit wohlwollenden Augen betrachtet wird!

Uebrigens war Friedrich unterrichtet genug, um zu wissen, daß die Erziehung nicht Alles zu thun im Stande ist, und daß, um einen vollkommnen Menschen zu schaffen, Angeborenheit dazu kommen muß. Er war daher auch Gegner der Theorie von Helvetius, welcher bekanntlich Alles auf Erziehung zurückführt. Andrerseits freilich kann auch Genie oder Talent nichts leisten ohne Erziehung und Bildung oder ohne Gelegenheit zu seiner Entfaltung. Wenn der große Condé, so äußerte er, Kapuziner geworden wäre, so würde die Welt nie von seinen Großthaten gesprochen haben, und wenn Voltaire als der Sohn eines Winzers in der Bourgogne zur Welt gekommen wäre, würde er wohl nie die Henriade geschrieben haben. Oder wenn der große Cäsar jetzt in Rom geboren würde, so dürfte er vielleicht einer der Monsignori werden, die sich im Vorzimmer des Franziskaners Ganganelli müde stehen.

Man kann diese Gesichtspunkte auf Friedrich den Großen selbst anwenden und sich fragen: Würde man wohl je etwas von seinen großen Geistesgaben vernommen haben, wenn er nicht zufällig auf einem Throne geboren worden wäre?

Noch mag, ehe wir seine Betrachtung als Staatsmann und Politiker verlassen, seiner Ansichten über geheime Polizei gedacht werden, welche ja für die Gegenwart und im Angesicht des widerwärtigen Spitzel= und Polizei=Spionen= Wesens, das fast bei jedem Sozialisten=Prozeß zu Tage tritt, doppelt bemerkenswerth erscheinen. Um dem seiner Zeit berühmten Pariser Polizeichef seine Künste abzulernen, schickte Friedrich der Große einen jungen Polizeibeamten, Namens Philippi, aus Berlin nach Paris, und machte denselben nach seiner Rückkehr zum Polizeidirector seiner Hauptstadt. Friedrich bemerkte jedoch sehr bald, daß Philippi so Außerordentliches nicht leistete, als man dem Herrn von Sartines, jenem Pariser Polizeichef, zuschrieb. Weil er nun glaubte, daß dies an der Unfähigkeit seines Polizeidirectors liege, gab er demselben sein Mißfallen zu erkennen. Da berichtete Philippi, daß man, um die Erfolge des Herrn von Sartines zu erzielen, eine geheime Polizei und ein Spionirsystem organisiren müsse. Gleichzeitig schlug er, falls dies dem Wunsche des Königs entspreche, die desfallsigen Mittel vor. Darauf beschied ihn Friedrich mit den historisch denkwürdigen Worten: „So sehr ich auch die Aufrechthaltung der öffentlichen Sicherheit und die Entdeckung jedes verübten oder die Unterdrückung jedes beabsichtigten Verbrechens wünsche, finde ich doch, daß die Mittel, wodurch dies allein erreicht werden kann, noch ein weit größeres Unheil sind, als alle die Uebel, die verhütet werden sollen. Ich will die Ruhe und das Vertrauen meiner guten Unterthanen nicht stören und die Sittlichkeit des Volkes nicht verderben lassen."

Solche Aeußerungen machen nicht bloß dem Verstand, sondern auch dem Herzen des großen Königs die größte Ehre. Man hat oft versucht, Friedrich den Großen wegen seiner philosophischen Richtung als einen reinen Verstandesmenschen hinzustellen; aber nichts kann ungerechtfertigter sein. Im Gegentheil legen zahllose Aeußerungen und interessante Anekdoten Zeugniß von seiner übergroßen Herzensgüte ab. Seine Anhänglichkeit an seinen alten Jugendlehrer Dühan, welchem er stets eine wahrhaft rührende Dankbarkeit bewahrte, war so groß, daß er mitten in dem Siegesjubel seiner Hauptstadt nach Beendigung des zweiten schlesischen Krieges, und während im Schloß eine glänzende Hofgesellschaft versammelt war, sich heimlich fort schlich, um zu Fuß an das in einem entfernten Stadttheil gelegene Sterbelager des geliebten Mannes zu eilen und sein Krankenlager mit tröstendem Zuspruch zu erleichtern. Ein gleich edles Benehmen hielt er gegen Voltaire ein, welchem er alle zugefügten Kränkungen und Beleidigungen wohlwollend verzieh, und welchen er trotzdem im Leben wie im Tod ehrte. In seinem „Stoiker" heißt es: „Der Weise ist mild, menschenfreundlich, gefühlvoll und edelmüthig; er kennt die schrecklichen Verirrungen der Sterblichen; ein nachsichtiger Richter gegen sie, ist er nur streng gegen sich selbst." — „Wie glücklich würde ich mich schätzen, könnte ich alle Betrübten trösten und allen Unglücklichen beistehen."

Einen grenzenlosen Schmerz, gegen welchen ihn auch die Grundsätze der Stoa nicht schützen konnten, bereitete ihm der Tod seiner ältesten, von ihm hochverehrten Schwester Wilhelmine, der Markgräfin von Bayreuth, welche seinem Kopf und Herzen am nächsten gestanden zu haben scheint. Sein ganzes Leben hindurch bewahrte er ein-schmerzliches Andenken an diesen Verlust; er widmete der geliebten Schwester in dem Park von Sanssouci einen Tempel der Freundschaft, in welchem ihre Büste aufgestellt war, und welchen er oft besuchte. Zu de Catt sagte er: „Der Tod meiner geliebten Schwester und des tapferen Feldmarschalls (Keith) steht mir immerfort schmerzlich vor der Seele. — Beide sind todt, die Schwester, die ich anbetete, und die mir eine Freundin war, wie man keine zweite findet u. s. w." Bei der Nachricht von ihrer schweren Erkrankung hatte er zu demselben de Catt geäußert: „Ach wenn ich, um die zu retten, die in diesem Augenblicke vielleicht nicht mehr lebt, und das Leben zu verlängern, welches mir so theuer ist, mich selbst dem Tode weihen müßte, den ja doch früher oder später tausend Zufälligkeiten herbeiführen können, mit welcher Freude würde ich mein trauriges Leben zum Opfer bringen." Nicht weniger tief war der Schmerz, den ihm der Tod seiner geliebten Mutter bereitete. Noch zwanzig Jahre später sagte er zu dem Professor Garvé: „Wenn Er wüßte, welche Thränen mich der Tod meiner Mutter gekostet hat, so würde Er sehen, daß ich unglücklich gewesen bin, wie jeder Andere, und noch unglücklicher, weil ich mehr Empfindlichkeit hatte." Bei dem Tode Suhm's, des geliebten und hochgeschätzten Freundes, schreibt er an Algarotti: „Ich möchte lieber Millionen verloren haben. Mein Herz wird ewig für ihn Trauer tragen, und sein Andenken wird fortleben, so lange ein Tropfen Blut in meinen Adern rollt. — — Das Herz blutet mir, und der Schmerz, den ich davon empfinde, ist zu lebhaft, als daß ich an etwas anderes denken könnte." Als sein Bruder August Wilhelm starb, klagte er de Catt sein Leid, indem er seinen Arm um dessen Hals legte, seinen Schmerz mit rührenden Worten: — — „Alles kann ich ertragen; nur die Wunden, die dem Herzen geschlagen werden, sind unheilbar und zerreißen meine Brust. Mein lieber Bruder ist todt." Seine eignen Gefühle bei dem Tod oder Unglück von Verwandten oder Freunden schildert er mit den Worten: „So viel Mühe ich mir gegeben habe, zu der Unempfindlichkeit der Stoiker zu gelangen, es ist mir nie gelungen. Ich liebe mein Vaterland, meine Verwandten, meine Freunde. Wenn ihnen ein Uebel zustößt, so fühle ich es mit ihnen und theile ihr Unglück. Die Natur hat mich so gemacht; ich kann es nicht ändern." Aus solchen Aeußerungen darf man gewiß mit Recht schließen, daß der Mensch in Friedrich noch größer war, als der Philosoph, und daß Boretius nicht übertreibt, wenn er sagt: „In der Brust dieses männlich schweigsamen Königs wohnte ein selten zartes und weiches Herz, welches von den Gefühlen der Kindes- und Verwandtenliebe, der Dankbarkeit und Freundschaft, wie das vielleicht weniger Menschen, erfüllt und durchdrungen war." Besonders stark war in Friedrich das letztgenannte Gefühl oder das Gefühl für Freundschaft entwickelt. „Ein wahrer Freund", sagte er, „ist ein Geschenk des Himmels. Ich habe zwei Freunde verloren, die ich täglich vermisse, und deren Andenken nur mit meinem Tode verschwinden wird." Es waren Jordan und Kaiserlingk, deren Verlust zu beklagen er nicht müde ward. „Sie waren meine Familie", schreibt er an Duhan, „und ich befinde mich jetzt in einer Trauer des Herzens, welche finstrer und ernster ist, als diejenige in den schwarzen Livréen." Zu de Catt sagte er: „Ohne Freundschaft gibt es kein Leben. Ich kenne ihren Werth sehr genau. Ich habe allzu oft gute Freunde verloren, und so oft mir dieses begegnete, schloß ich mich ein und weinte wie ein Kind." Umgekehrt war ihm das Gefühl der Rachsucht fremd, und er trug jenen feigen Schmeichlern, welche unter der Regierung seines Vaters für seinen Tod gestimmt hatten, ihre schmähliche Handlungsweise nie nach. Den General von Sydow, welcher ihn als Kronprinz schwer beleidigt hatte, ließ er als König dennoch in seiner Stellung. „Nun sagen Sie", äußerte er darüber gegen de Catt, „daß ich kein Philosoph bin." Nur das häßliche, edle Seelen am meisten beleidigende Laster der Undankbarkeit war ihm auf das Aeußerste und so sehr verhaßt, daß er dabei das Gefühl der Rachsucht nicht unterdrücken konnte. „Beim Verkehr mit Menschen", sagte er zu de Catt, „kommt es vor Allem auf das Herz an; aber wie selten sind ehrliche Leute! Am meisten hasse ich die Undankbarkeit; ich finde sie abscheulich. — — dann werde ich wüthend und gestehe, daß ich das Bedürfniß nach Rache empfinde."

Je milder und nachsichtiger aber Friedrich gegen Andre war, um so strenger war er gegen sich selbst, worüber schon bei Besprechung seines hohen Pflichtgefühls das Nöthige bemerkt wurde. Nur seine starke Neigung zu Witz und Satyre konnte er so wenig unterdrücken, daß er sich durch gelegentliche Aeußerungen dieser Art über europäische Hof- und Maitressen=Wirthschaft die größten politischen Nachtheile zuzog. Namentlich den geistlichen Herrn gegenüber liebte er es, gelegentlich seinen Witz spielen zu lassen. Als die Geistlichen Berlins um Lieferung ihres Deputats Korn in natura statt nach der von dem vorigen König festgesetzten, zu niedrigen Taxe nachsuchten, beschied er sie (2. September 1740) abschläglich mit der Motivirung: „Soldaten kriegen Brod, aber Priester leben von dem himmlischen Manna, das von Oben kömmt, und ist ihr Reich nicht von dieser, sondern von jener Welt. Weder Petrus noch Paulus haben Brodkorn gekriegt, und ist im neuen Testament kein Apostel=Magazin zu finden." Und als er einst die Nikolaikirche in Potsdam mit Bogengängen umgeben ließ, welche die Kirche etwas verdunkelten, so erhielten die Kirchenvorsteher, welche um Unterlassung dieses Vorgehens baten, als Antwort die biblische Citation: „Selig sind, die nicht sehen und doch glauben." Auch verließ ihn diese Neigung zu Witz und Humor selbst unter den ärgsten Schmerzen und bis zum Augenblick seines Todes nicht. Als er während der letzten Wochen vor seinem Tode die Nächte fast immer schlaflos in seinem Lehnsessel zuzubringen genöthigt war, sagte er zu dem Herzog von Kurland, welcher ihm einen Besuch machte: „Sollte bei Ihnen ein Nachtwächterposten frei werden, so vergessen Sie mich nicht; ich habe jetzt vortrefflich gelernt, des Nachts zu wachen."

Von Friedrich's großer Herzensgüte, selbst gegen die geringsten seiner Untergebenen, legt auch die bekannte Anekbote von dem Zimmerlakaien, der ihm, als er auf dem Corridor zum Fenster hinaussah, von hinten einen wuchtigen Schlag mit der flachen Hand versetzt hatte, vollwichtiges Zeugniß ab. Als der Missethäter den König erblickte und sich damit entschuldigte, daß er geglaubt hätte, es sei der Johann, sagte der Geschlagene nichts weiter als: „Und wenn es auch der Johann gewesen wäre, so hättest du doch nicht so hart schlagen sollen." Dabei bewahrte Friedrich trotz dieser Herzensgüte und trotz seines lebhaften Gefühls für Freundschaft seinen Pessimismus und seine auf so viele traurige Erfahrungen gegründete Menschenverachtung bis zu seinem Tode, und eine seiner letzten Aeußerungen soll das berühmte Wort gewesen sein: „Ich bin es müde, über Sclaven zu herrschen." —

Das Vorstehende kann und soll nur als eine dürftige Blumenlese aus der inneren und äußeren Geschichte des großen Mannes dienen, welcher nicht bloß, wie im Eingang gezeigt wurde, das eigentliche Fundament zu der heute in voller Glorie strahlenden Größe, Einheit und Machtstellung des deutschen Vaterlandes und zum Sieg des deutschen Protestantismus gegenüber Oesterreich und Rom gelegt hat, sondern welcher auch durch sein großes und herrliches Beispiel, durch seine Thaten und Schriften, durch seine Begründung der Denk= und Lehrfreiheit, durch Erweckung des Pflichtgefühls und nationaler Begeisterung die geistige und moralische Hebung des deutschen Volkes vorbereitet hat — wenn auch leider seine freidenkerische Richtung selbst ihn kaum zu überleben bestimmt war. Immerhin reicht das Gesagte mehr als hin, um zu zeigen, daß Friedrich der Große den Namen des gekrönten Freidenkers mit demselben und wohl noch größerem Rechte verdient, wie sein großer Geistes= und Gesinnungsverwandter, der indische

Kaiser Akbar, welcher als Philosoph, Freigeist, Freidenker, Schriftsteller, Feldherr, Mensch und absoluter Herrscher die auffallendste Aehnlichkeit mit Friedrich dem Großen wahrnehmen läßt, und welcher in seinem indischen Weltreich unter vielleicht noch schwierigeren Verhältnissen dieselben Grundsätze, wie Jener, vertrat und durchführte — Alles zu einer Zeit, da Europa noch in den Banden des finstersten Aberglaubens lag. Es ist gewiß eine höchst merkwürdige und die wunderbaren Gegensätze der Geschichte grell beleuchtende Erscheinung, daß um dieselbe Zeit, da in Europa die heftigsten Religionskämpfe wütheten, da die Scheußlichkeiten der Bartholomäusnacht die Gemüther entsetzten, und da Hexenprocesse, Judenverfolgungen, Ketzerverbrennungen und alle Greuel der Inquisition in höchster Blüthe standen, mitten im Herzen Asiens ein mächtiger orientalischer Despot im Sinne der vorgeschrittensten Aufklärung und Freigeisterei über ein Reich gebot, das an Ausdehnung kaum dem großen römischen Weltreich etwas nachgab und das er selbst mit siegreicher Hand auf eine Größe und Machtfülle gebracht hatte, welche weder vor noch nach ihm jemals erreicht worden ist. Schon im Jahre 1593 erließ derselbe sein berühmtes Toleranz-Edikt, welches in allen seinen Landen unbedingte Glaubens- und Gewissensfreiheit verkündete, ganz in derselben Weise, wie dieses 147 Jahre später durch Friedrich den Großen in Preußen geschah. Dieser Herrscher war der Timuride Akbar, genannt der Große oder Siegreiche, welcher von 1556—1605 den größten Theil Vorder-Indiens und der umliegenden Länder beherrschte und so unvergängliche Spuren seiner großartigen und segensreichen Thätigkeit hinterließ, daß der jene Länder Bereisende nicht vermeiden kann, denselben selbst heute noch fast auf Schritt und Tritt zu begegnen. So erzählt Graf F. A. von Noer in seinem vortrefflichen Werke „Kaiser Akbar" (Leyden 1880—1885), daß er auf seinen Wanderungen durch Indien in den Jahren 1860—70 überall diesen Spuren in Bauten, Traditionen, Gesängen, Literatur, Einrichtungen u. s. w. in einer so auffallenden Weise begegnet sei, daß er sich dadurch zum eingehenden Studium jener denkwürdigen Geschichts-Epoche und zur Abfassung seiner Schrift angeregt gefühlt habe. Das Andenken des großen Herrschers ist, wie uns Noer mittheilt, dem Geist der indischen Völker in einer Weise eingeprägt, wie dasjenige keines andern der vielen indischen Despoten, und wird von ihnen nicht nur in Gesängen und Liedern gefeiert, sondern hat auch eine ganze „Akbar-Literatur" hervorgerufen.

Akbar gehört, wie gesagt, der großen Familie der Timuriden an, welche die mohammedanische Herrschaft in Indien begründeten und fast ohne Ausnahme bedeutende staatsmännische Kraft und Weisheit entwickelten. Ihr großer Ahnherr Timur oder Tamerlan (1336—1405), obwohl ein wilder und grausamer Eroberer, zeichnete sich durch große Klugheit, Freigeisterei und Hochschätzung der Wissenschaft und Gelehrsamkeit aus, und dieses zog sich mehr oder weniger durch das ganze nachgeborene Herrschergeschlecht. Sein großer Enkel Baber, Kaiser von Indien in Delhi und Agra und Akbar's Großvater (gest. 1530), war nicht bloß ein siegreicher Feldherr und vorzüglicher Charakter, sondern auch ein hochgebildeter Mann und bedeutender Dichter. Seine von ihm selbst geschriebenen Memoiren gelten als ein Meisterstück der Schriftstellerei.

Auf seinen ältesten Sohn Humajun, den Vater Akbar's, vererbten sich seine Vorliebe für Bildung, Wissenschaft und Dichtkunst und sein humaner Sinn, wenn auch nicht seine kriegerische Entschlossenheit. Humajun war mehrmals nahe daran, durch Aufstände und Streitigkeiten mit seinen Brüdern das Reich zu verlieren, behauptete sich aber schließlich doch so, daß er nach seinem Tode seinem am 15. Oktober 1542 geborenen Sohn Akbar die Herrschaft in einem leidlichen Zustande überlassen konnte. Trotz einer durch kriegerische Ereignisse sehr bewegten Kindheit genoß Akbar, dessen Mutter eine durch Geistesgaben ausgezeichnete Frau gewesen sein soll, doch eine sehr gute Erziehung durch einige vorzügliche Lehrer, namentlich den freigeistig gesinnten Mir Abbullatif, hatte also in dieser Beziehung einen großen Vorsprung vor unserm deutschen König — Freidenker voraus. Schon im dreizehnten Lebensjahre bestieg Akbar, welcher die wahre Erbschaft seines großen Ahnen vom Hügellande des Amur zur vollen Geltung zu bringen bestimmt war, nach dem Tode seines Vaters im Jahre 1556 den Thron unter der Leitung des Reichsverwesers Bairam Chan und nach dessen Sturz und Tod im Jahre 1560 als selbständiger Herrscher.

Bis zu seinem fünfundzwanzigsten Lebensjahre beschäftigte sich der junge Kaiser mehr mit Jagd, frommen Pilgerfahrten und dergleichen als mit Staatsgeschäften, so daß die Großen des Reiches glaubten, sich alles erlauben zu dürfen und zum Theil zu offener Empörung übergingen. Dieses hatte eine Reihe unaufhörlicher innerer Kämpfe zur Folge, welche die Thatkraft des jungen Herrschers erweckten und ihn zur Zähmung des trotzigen Lehnsadels sowie zur

energischen Bekämpfung der ganzen betrügerischen Feudal=
wirthschaft zwangen. Er beugte die Macht und den Ueber=
muth der Großen und brachte den Lehnsadel in ähnlicher
Weise, wie dieses um dieselbe Zeit in europäischen Ländern
geschah, in ein größeres Abhängigkeits=Verhältniß vom Hofe.
Dabei zeigte Akbar große persönliche Tapferkeit, setzte sich
stets in erster Linie dem Feuer aus und bot sogar zur
Entscheidung des Streites und zur Schonung von Menschen=
leben persönlichen Zweikampf an. War der Streit ent=
schieden, so war sein weiches, mitleidiges Herz — ganz un=
ähnlich den Sitten orientalischer Herrscher — stets zum
Verzeihen, zur Versöhnung und Duldung bereit. Rachsucht
war seinem Charakter fremd, und er hatte eine große Ab=
neigung vor den im Orient so gebräuchlichen Hinrichtungen
unterworfener Empörer, welche von seinen Untergebenen
oft ohne sein Wissen und gegen seinen Willen ausgeführt
wurden.

Diese Neigung zu Duldung und Versöhnung hatte
auch zur Folge, daß Akbar den eingeborenen und von den
Anhängern des Islam unterworfenen Indern oder Hindus
in einer Weise gerecht wurde, wie kein anderer mohamme=
danischer Fürst vor oder nach ihm. Ehe die Mohamme=
daner Indien eroberten, war das Land in eine Menge
kleiner Königreiche getheilt, aus denen erst durch die Er=
oberung ein einheitliches Reich mit dem Kaiserthron in
Delhi wurde. Aber die Gewalt des Throns erstreckte sich
nur zeitweise über das ganze Reich, und die Aufstände der
eingeborenen Fürsten sowohl wie der kaiserlichen Statthalter
nahmen kein Ende. Namentlich war es der edelste indische
Stamm oder die tapferen Radschputen, mit denen Akbar

schwere Kämpfe zu bestehen hatte. Aber nachdem er sie besiegt hatte, wurden sie in Folge jener Duldung seine besten Freunde und lieferten ihm nicht bloß tüchtige Soldaten, sondern auch einige seiner ausgezeichnetsten Minister oder Rathgeber.

Wenn nun Akbar während des größten Theils seiner Regierungszeit eine Eroberungspolitik verfolgte, welche ihm nach und nach die reichen Länder Bengalen, Gogonba, Kabul, Gubschrat, Kaschmir u. s. w. und endlich sogar das ganze Dekhan in die Hand spielte und seine Herrschaft über fast ganz Indien und einen Theil der angrenzenden Länder ausdehnte, so war daran nicht eine wirkliche sinnlose Eroberungslust, sondern die Ueberzeugung schuld, daß das durch ein uraltes Völker-, Sprachen- und Religions-Gemisch und endlose politische Wirren zerrissene, unter ewigem Partei- und Prätendentenhader seufzende Land nur durch seine Zusammenfassung in ein einheitliches, von fester Hand gelenktes Ganze und durch Einführung durchgreifender politischer Reformen glücklich gemacht werden könne. Auch nötigten die ewigen Aufstände an den Grenzen des Reiches, sowie die durch seine freisinnige Politik in Glaubenssachen veranlaßten Glaubens-Empörungen und Hetzereien der in ihren Interessen gekränkten mohammedanischen Priester oder Ulema's den Kaiser geradezu, immer das Schwert in der Hand zu haben. Aber so groß sich derselbe dabei auch als Krieger und Feldherr zeigte, so verlor er doch inmitten des Kampfes niemals sein eigentliches und erhabenes Ziel aus den Augen und verfolgte die großen Werke des Friedens oder der Vorbereitung des Krieges mit nicht geringerem Geschick und Eifer wie die des Krieges selbst. Während seine Feldherrn den schwierigen und langdauernden Aufstand in Gudschrat unterdrückten, überwachte Akbar am Ufer des Ganges den gewaltigen Festungsbau in Allahabad, und während er die aufständischen Afghanen und die Glaubens-Empörung der Rauschanis unter Bajazid in den Bergen von Kurdistan, Khabulistan und Afghanistan und in den Ebenen von Peschawer niederwarf, besichtigte er eingehend die Eisen- und Gewehr-Fabriken des Landes, welche letzteren bessere Waaren lieferten als selbst Europa. Mitten im Kriege gegen Kabul veranlaßte er die Aufstellung einer Berufsstatistik und fand Zeit, um eine Art von Mitrailleuse und eine zerlegbare, tragbare Kanone, sowie ein aus zwei Theilen bestehendes, zusammensetzbares Gewehr zu erfinden. Seine Arsenale, seine Marställe, seine Werkstätten für Kriegszwecke, seine Schiffswerften befanden sich in musterhafter Ordnung. Er sorgte für Regelung und Beförderung der für Krieg und Frieden gleich wichtigen Elephanten-, Pferde-, Kamel- und Maulthier-Zucht und bekümmerte sich um alle Einzelheiten. Die Zahl seiner Kriegs-Elephanten, welche Thiere in den orientalischen Kämpfen jener Zeit eine große und entscheidende Rolle spielten, betrug nicht weniger als fünftausend — abgesehen von denjenigen, welche die Lehnsfürsten zu stellen hatten.

In der inneren Verwaltung des Landes scheute Akbar keinen Augenblick vor Einführung der durchgreifendsten Reformen zurück. Er regelte das in trostlosem Zustande befindliche und das Volk schwer bedrückende Abgabensystem, schaffte eine Menge kleinlicher und niederdrückender Steuern ab, ließ strenge Bestrafung ungetreuer Beamten eintreten, sorgte für Sicherheit des Handels und Verkehrs, förderte

Umgestaltung und Verbesserung älterer Einrichtungen und schuf den erweiterten Bedürfnissen des Reiches entsprechende Eintheilung desselben in getrennte Verwaltungsbezirke. Die häßliche Kriegs-Sklaverei und die Pilgertaxen hob er ganz auf; ebenso schaffte er die meisten Zölle ab. Dagegen ließ er in trocknen Gegenden Brunnen graben, Herbergen für Arme und Wanderer errichten, reiche Almosen an Bedürftige austheilen und lieh allen Werken der Barmherzigkeit und Menschenliebe seine mächtige Unterstützung.

Auch um die Industrie und Landwirthschaft bekümmerte sich der große Kaiser in wirksamster Weise. Namentlich wandte er der für den Orient besonders wichtigen Teppich-fabrikation seine ganze Aufmerksamkeit zu, und selbst erfahrene Reisende waren erstaunt über die Mannigfaltigkeit in Muster und Gewebe der Arbeiten, welche aus den kaiserlichen Fabriken von Lahore, Agra, Fathpur und Ahmadabad hervorgingen. Akbar selbst nahm Unterricht in der theoretischen und praktischen Seite dieses Handelszweiges. Durch eine lebhaft betriebene Textil-Politik brachte er es dahin, daß die Preise für die prachtvollsten Webereien um sechzig bis siebzig Prozent sanken, und daß Stoffe, welche vordem nur Reichen zugänglich waren, in allgemeinen Gebrauch kamen.

In gesundheitlicher Beziehung machte sich Akbar um seine Unterthanen dadurch verdient, daß er einen großartigen Eishandel aus den Gebirgen des Nordens seines ungeheuren Reiches nach den südlichen Provinzen desselben organisirte, wobei zugleich Tausende von fleißigen Händen lohnende Beschäftigung fanden.

Allerdings darf nicht verschwiegen werden, daß dem

großen Kaiser bei seinem Reformwerk und seinen kriegerischen Erfolgen ausgezeichnete Ratgeber und Beamte zur Seite standen, so vor allen andern der große, alles sehende und hörende Radscha Tobar-Mal, ein Hindu, gleich ausgezeichnet als Staatsmann, Feldherr und Finanzmann; ferner der hochgebildete und freidenkende Staatsmann und Feldherr Abul Fazl, welcher in seinem berühmten „Akbarnameh", die genaue Geschichte seines großen Gebieters dargestellt hat, und dessen geistvoller Bruder Faizi; ferner der tapfere Nizamuddin und der Sohn Bairams, welcher als Dichter ebenso groß war wie als Krieger und General und mitten im Schlachtgewühl ein goldnes Titenfaß am Gürtel trug, u. s. w.

Aber alles, was Akbar in den erwähnten Beziehungen geleistet hat, so bedeutend es auch an und für sich sein mag, tritt doch weit zurück oder in den Hintergrund gegenüber dem, was er als Freidenker und Prophet des wahren Menschenthums zu thun gewagt hat. Hier liegt denn auch die eigentliche und weltgeschichtliche Bedeutung des großen Mannes — eine Bedeutung, welche ihn für uns und für die Gegenwart noch ebenso interessant, wenn nicht interessanter erscheinen läßt als für seine Zeitgenossen. Hat er doch den gefährlichsten aller Kämpfe gewagt, den ein Staatsmann wagen kann, und — was die Hauptsache ist — siegreich durchgeführt, während drei Jahrhunderte später der größte aller lebenden Staatsmänner mitten im hochgebildeten Europa und in dem Zeitalter der Wissenschaft diesen Kampf als einen hoffnungslosen aufzugeben sich genöthigt gesehen hat! Es ist der Kampf gegen die Kirche, gegen geistliche Herrschsucht und geistlichen Uebermuth, gegen Glaubenszwang und religiöses Dogma, gegen Unduldsamkeit und religiöse Verfolgungswuth. Dieser Kampf zwischen dem Dogma und dem freien Gedanken, zwischen Staatsgewalt und Priesterthum ist freilich uralt und, wie die Erfahrungen der letzten Jahre zeigen, bis auf den heutigen Tag nicht ausgekämpft. Aber daß dieses so ist, läßt das Verdienst eines Mannes, welcher so lange vor unserer Zeitrechnung den schwierigen Kampf unter höchst ungünstigen äußeren und inneren Verhältnissen wagte und durchführte, nur um so größer erscheinen. Waren doch bekanntlich im sechzehnten Jahrhundert Glauben und Wissen oder Geistliches und Weltliches nicht nur in Europa, sondern auch in den orientalischen Ländern derart miteinander verflochten, daß sie nicht oder kaum von einander zu trennen waren. Speciell in Indien war der auf die bekannte Kasten=Eintheilung gestützte Brahmanismus oder die Priesterherrschaft derart allmächtig, daß er jeden Widerstand, außer zeitweis und vorübergehend, unmöglich machte, und daß selbst der gewaltige freigeistige Buddhismus vor ihm weichen mußte. Weil sie als Ueberlieferer und Ausleger der heiligen Schriften die Träger des Wissens waren, verstanden es die Brahmanen gar wohl, die Vortheile ihrer Stellung zu benutzen und sich allmälich zu Schiedsrichtern über die Dinge nicht bloß jener, sondern auch dieser Welt zu machen. Mit großer Klugheit mußten sie es so einzurichten, daß es zwei Arten von Religion gab, von denen die eine für die gedankenlose Menge, die andere für die Gebildeten bestimmt war. Die erstere wurde durch ein Joch zahlloser Ceremonien und Opferdienste gefesselt, welche so verwickelt waren, daß nur die eingeweihten Priester die=

selben in allen ihren Formen vollziehen konnten. Dieses hatte zur Folge, daß der den Himmel Bittende oder um sein Seelenheil Besorgte sich ihrer nothwendig als Mittelspersonen bedienen mußte. Wer sich aber durch die bloß formellen Opfer und Gebete nicht befriedigt erachtete, dem war es gestattet, sich diese Befriedigung durch innere Beschaulichkeit oder Abstraktion zu verschaffen, wenn er nur den Brahmanen die gebührende Ehrfurcht bezeugte und sich in äußerlichen Dingen ihnen unterordnete. Bei dem Druck dieses äußeren Zwanges war denn der gebildete Hindu um so geneigter, seinen Gedanken freien Lauf zu lassen und selbst bis zu den kühnsten Schlußfolgerungen vorzudringen, so daß man in dieser Beziehung in der indischen Gesellschaft den grellsten Widersprüchen zwischen knechtischer, durch die Furcht vor Verlust der Kaste bedingter Unterordnung unter die einmal vorgeschriebenen Formen und entschiedenster Freidenkerei begegnet. Auch gab es dem entsprechend zu Akbars Zeiten eine nicht geringe Anzahl religiöser Sekten, von denen jede ihr besonders verehrtes Oberhaupt und eine besondere Hauptgottheit hatte, während ihnen gegenüber sechs verschiedene philosophische Systeme bestanden, von denen eine mit atheistischer Beimischung (Sankjahlehre) und eine auf atomistischer Grundlage (Vaiceschika-Lehre) waren. Auch die Zahl der Kasten wurde, um für alle im Laufe der Zeit entstandenen geselligen Abtheilungen eine entsprechende Unterkunft zu finden, nach und nach bis über ein halbes Hundert vermehrt und ist in der Gegenwart bis auf einige siebzig Unterscheidungsgrade angewachsen.

Ganz anders lagen und liegen die Verhältnisse bei den das Hindu-Land erobernden Mohammedanern oder

Bekennern des Islam, welche weder Kasten noch einen eigentlichen Priesterstand, dagegen, wie alle monotheistischen Religionen, eine um so größere Bekehrungssucht haben. Ihre Priester oder Theologen sind die Ulemas oder Schriftgelehrten, welche sich durch Reichthum und Einfluß über die große Masse erhoben, und aus deren Mitte die Lehrer, die Richter, die Beamten u. s. w. hervorgingen. Ihre theologische Unduldsamkeit richtete sich nicht bloß gegen die Glaubenslehren der unterjochten Hindus, sondern auch gegen ihre eignen Ketzer oder Glaubens=Abtrünnigen, unter denen namentlich die sog. Schiiten und Chiliasten als Vertreter einer freieren Richtung den streng= oder rechtgläubigen Sunniten auf das Aeußerste verhaßt waren. Eine noch freiere Richtung als die Schiiten verfolgte der sog. Cufismus oder Sufismus, welcher sich gegen den Glaubenszwang auflehnte und in seinen Lehren durch Buddha und Zoroaster beeinflußt war. Sein Dogma hatte einen pantheistischen Charakter und behauptete die Existenz einer allgemeinen Weltseele, in welcher die einzelnen Seelen aufgehen. Dabei lehrte er Toleranz, Humanität, Verachtung weltlicher Güter, Nichtigkeit kirchlicher Formen und Bekenntnisse und ähnliches. Akbar selbst hatte, soweit er Mohammedaner war, eine entschiedene Hinneigung zu diesem mehr philosophischen als theologischen System.

Aber in Wirklichkeit und in seinem Innern war Akbar weder dem Mohammedanismus noch dem Brahmanismus geneigt, sondern erkannte ganz objektiv und als echter Freidenker die Schwächen wie die Vorzüge der beiden, einander feindlich gegenüberstehenden Religionen, welche er im Staats=Interesse miteinander zu versöhnen trachtete. Er berief

gelehrte Brahminen und ließ sich von ihnen in die Glaubens=
sätze ihrer Religion einweihen, wobei ihm die uralte indische
Weisheit mehr imponirt zu haben scheint als diejenige seiner
Glaubensbrüder. Dennoch war er weit entfernt, einer
bestimmten Religion vor der andern den Vorzug zu geben.
Vielmehr ließ er in Sikri einen großen Bau mit vier be=
sonderen Abtheilungen errichten, welcher lediglich für ge=
lehrte Disputationen und philosophischen oder theologischen
Meinungsaustausch bestimmt war, während Akbar selbst
außerdem noch nächtliche Berathungen mit Gelehrten und
Philosophen abhielt. Hier strömten nun vom Jahre 1575
an die Gelehrten aus allen Weltgegenden zusammen, um
ihre Kräfte zu messen. Als Akbar bei dieser Gelegenheit
bemerkte, daß die Ulemas ihren Gegnern gegenüber ent=
schieden im Rückstand blieben, als er weiter ihre eigne Un=
einigkeit beobachtete und von den mannigfachen Schlichen
und Verbrechen erfuhr, mittelst deren sie ihre Stellung und
ihr Ansehen dem Volk gegenüber aufrecht zu erhalten such=
ten, faßte er einen dauernden Haß gegen dieselben und
wandte sich um so mehr nach der entgegengesetzten Seite.

Im Jahre 1578 erschienen die ersten christlichen Prie=
ster bei Akbar, und seinem heißen Wunsche nach Wahrheit
und Aufklärung hatten sie es zu danken, daß schon zwei
Jahre später drei von den Portugiesen abgesandte Jesuiten=
Patres in Folge specieller Einladung am Hofe Akbars auf=
genommen wurden. Akbar führte lange Gespräche mit
ihnen und ließ sich über die christliche Lehre genau unter=
richten. Aber ihre Versuche, ihn zu bekehren und zur
christlichen Taufe zu veranlassen, blieben gänzlich erfolglos.
Akbar versicherte die Patres seiner aufrichtigen Hochachtung,

erklärte ihnen aber, daß er das Geheimniß der Dreieinigkeit, und wie Gott einen Sohn haben könne, der Mensch wurde, absolut nicht begreifen könne. Du Jarric, einer jener Patres, beklagt sich in seinem Bericht sehr über die Halsstarrigkeit des Kaisers, welcher sich nie bei einer Antwort beruhigt, sondern immer weiter gefragt habe. Auch durchschaute Akbar sehr wohl die bösen Absichten der Jesuiten, die „zum größeren Ruhme Gottes" alle andern Glaubensansichten mit Gewalt zu unterdrücken suchten, und erkannte die Unvereinbarkeit des Papstthums mit dem von ihm selbst so hoch gehaltenen Princip absoluter Duldsamkeit und Glaubensfreiheit für alle Bekenntnisse. Möglich oder wahrscheinlich, daß Akbar auch von den Greueln der Inquisition vernommen und sich dadurch abgeschreckt gefühlt hat! Nichtsdestoweniger gestattete er dem Christenthum dieselbe Freiheit wie allen andern Religionsbekenntnissen; nur das Missionswesen wollte er nicht erlauben. Es sollte eben in seinem Reiche jeder „nach seiner Façon selig werden", nach dem geflügelten Wort seines großen Nachfolgers und Geistesverwandten in Preußen. Er haßte den Dogmatismus im Katholicismus ebenso wie im orthodoxen Islam und dachte gegen das Ende seines Lebens eine Zeit lang daran, eine neue oder eine Art von Zukunfts-Religion aus den besten Bestandtheilen von Christenthum, Islam u. s. w. zu bilden, welche unter der Herrschaft seines Sohnes Selim zur allgemeinen Anerkennung gelangen sollte — ein Plan, der durch letzteren selbst vollständig vereitelt wurde. Als die Jesuiten sahen, daß der Zweck ihres Besuchs verfehlt war, kehrten sie um das Jahr 1582 nach Goa zurück; nur Aquaviva, ein hochbegabter und sehr unterrichteter Mann, blieb noch drei Jahre bei Akbar. Auch zwei spätere Jesuiten-Missionen hatten keinen besseren Erfolg.

Am weitesten unter der freidenkerischen Umgebung Akbars ging der Radscha Bir-Bar, ein echter Aufklärer, welcher die Lauge seines bitteren Spottes sowohl über Ulemas wie Brahmanen ausgoß und sogar im Jahre 1579 die Einführung einer Art von Sonnen- oder Licht-Cultus durchsetzte, bei welchem sich Akbar in einem eigens dafür eingerichteten und während der Nacht prachtvoll erleuchteten Lichttempel betheiligt haben soll. „Seine Majestät", sagt Abul Fazl charakteristisch genug über diesen heiklen Punkt, „ist der Ansicht, daß es religiöse Pflicht und Preis der Gottheit ist, Feuer und Licht zu verehren. Unwissende Leute halten das für ein Vergessen des Allmächtigen und Feueranbetung. Doch Tieferschauende wissen das besser."

Uebrigens wahrte Akbar seiner Stellung zu Liebe immer noch äußerlich einen gewissen Schein der Religiosität und ging z. B. dem heiligen Stein, welchen Mekka-Pilger von dort mitbrachten und von dem man sagte, daß der Prophet seinen Fuß darin abgedrückt habe, mit allen Zeichen der Ehrerbietung entgegen, während er und seine freidenkerische Umgebung in Wirklichkeit weder an den Propheten noch an eine persönliche Fortdauer oder Belohnung nach dem Tode glaubten, sondern nur eine Umwandlung und Läuterung durch Seelenwanderung annahmen.

Daß dieses alles und namentlich Akbars Toleranz gegen die unterworfenen Hindus, denen er mehrere seiner vornehmsten Ratgeber entnahm, und gegen deren religiöse Ansichten eine Reaktion von Seiten der rechtgläubigen Mohammedaner hervorrufen mußte, ist selbstverständlich.

Ein Religionskrieg stand bevor, und Akbar selbst erkannte dieses sehr gut. Aber er wich nicht feige davor zurück, sondern brach der Bewegung die Spitze ab, indem er sich selbst zum Papst oder zum obersten Richter in Glaubenssachen erklärte und eine Art von Cäsaro-Papismus einführte, welcher nicht übermüthiger Laune, sondern kluger Berechnung entsprang. Im Jahre 1579 erschien das Dekret, welches Akbar neben der politischen auch die geistliche Führerschaft über sein ungeheures Reich verlieh; und dem folgten Schlag auf Schlag Maßregeln, welche das stolze Gebäude kirchlicher Uebermacht in Trümmer schlugen. Die Führer der unzufriedenen Ulemas wurden zu geistlichen Uebungen nach Mekka geschickt und auf diese Weise unschädlich gemacht. Eine große Menge hochstehender Geistlichen, welche sich zu offener Empörung oder Unruhestiftung hatten hinreißen lassen, wurden an Leben oder Gut geschädigt; die Kirchengüter und großen Vermögen der kirchlichen Würdenträger wurden eingezogen, reiche Pfründen zur Unterstützung für Arme und arme Gelehrte verwendet. Alle Culte ohne Ausnahme wurden gestattet; der von Mohammed verbotene Weingenuß wurde erlaubt, obgleich Akbar selbst äußerst mäßig lebte.

Die Folge dieser Maßregeln war, daß die Moscheen leer standen und sich in Vorrathshäuser, Kornspeicher, Pferdeställe und dergl. verwandelten; daß Gebet, Pilgerfahrten, heilige Feste und dergl. verpönt waren, daß man aufhörte, an den Propheten und dessen heilige Sagen oder Wunder zu glauben, daß man Gelage an hohen Festtagen hielt, und daß man sich in den Kreisen der Gebildeten mehr mit Philosophie und Wissenschaft und mit dem vergleichenden Studium der Religionen als mit der Religion selbst beschäftigte. Ja es wurde solche Beschäftigung von oben herab gewissermaßen zur religiösen Pflicht gemacht. Auch befaßten sich die gelehrten Kreise eifrig mit dem Studium der Sanskrit=Werke, welche Akbar in die moghulische Sprache übertragen ließ.

Die von Akbar angebahnte Versöhnung der Moghulen mit den unterworfenen Hindus, welche von den echten Mohammedanern auf das Tiefste verachtet wurden und welchen das mohammedanische Steuergesetz vorschrieb, daß sie, wenn der Steuererheber wünsche, ihnen in den Mund zu speien, denselben ohne das leiseste Zeichen des Ekels zu öffnen hätten (!!), mußte die stolzen Islamiten begreiflicher= weise schwer kränken. So kam es, daß die von den Ulemas aufgehetzten moghulischen Häuptlinge in dem kaum unter= worfenen Bengalen gegen den Kaiser, als gegen einen Un= gläubigen, einen schweren Aufstand entzündeten, welcher an= fangs siegreich war und erst nach jahrelangen Kämpfen (1583—86) durch Todar=Mal, welcher die Seele der frei= sinnigen Reformen Akbars war, niedergeworfen werden konnte. Dasselbe geschah mit der Empörung eines Bruders Akbars in Kabul durch letzteren selbst in den Jahren 1581 bis 82.

Mit dem Ende des letztgenannten Jahres schien der Thron und die weltlich=geistliche Herrschaft Akbars derart gesichert, daß er mit seinen weitgreifenden Reformen kühn voranschreiten konnte. Im Jahre 1587 wagte er sogar die Einführung der Monogamie bei den Moghulen und das Verbot der gezwungenen Witwenverbrennung bei den Hin= dus, erlaubte auch die den indischen Dogmen und Ge=

wohnheiten so absolut feindliche Wiederverheirathung der Wittwen.

Aber den Hauptschlag gegen Glaubens- und Gewissenszwang führte Akbar im Jahre 1593, nachdem das große Reich vollkommen zur Ruhe gebracht war, durch sein berühmtes, bereits erwähntes, absolutes Toleranz-Edikt, welches in allen seinen Landen unbedingte Glaubens- und Gewissensfreiheit verkündete, wenn auch der Gottglaube in seiner allgemeinsten Form äußerlich und offiziell festgehalten wurde, während die fehlenden Dogmen durch strenge Sittengesetze ersetzt wurden.

Aber was Akbar seinen Völkern gewährte, nahm er auch für sich selbst und für seine Freunde und Gesinnungsgenossen im vollsten Maße in Anspruch. Er gründete eine besondere kaiserliche Sekte unter dem Namen Dini-Ilahi, welche sich den Kampf gegen das Pfaffenthum und nebenbei die Entlarvung der sogen. Jogis und anderer Wunderthäter und Gaukler zur besonderen Aufgabe gesetzt zu haben scheint. Zugleich verband ein enger Freundschaftsbund die Mitglieder der Sekte. Ihr Dogma fußte auf einer pantheistisch-philosophischen Theorie, war aber nur für wenige Eingeweihte, nicht für die Menge bestimmt.

Daß ein Mann wie Akbar gegen das Ende seines herrlichen und erfolgreichen Lebens den ohnehin zum Wunderglauben geneigten Orientalen wie ein halber Gott erscheinen mußte, kann nicht auffällig sein. In der That fing das Volk nach und nach an, den Kaiser wie einen Gott zu betrachten und ihm eine förmliche Apotheose zu weihen. Namentlich war dies der Fall mit den Hindus, für welche er ja wirklich eine Art von segenbringender Vorsehung gewesen war, und welche nicht die geringste Schwierigkeit dabei fanden, ihn als eine der vielen Inkarnationen oder Fleischwerdungen Gottes zu betrachten, welche in den indischen Glaubensvorstellungen eine so große Rolle spielen. Auch konnte es nicht fehlen, daß Schmeichler und Aemterjäger dieses zu benutzen trachteten und ihn förmlich als inkarnirten Gott anbeteten. Jeden Morgen in der Frühe, wenn Akbar aus seinen inneren Gemächern trat, empfing ihn eine dichtgedrängte Menge mit religiösen Liedern, welche tausend Lobnamen auf ihn enthielten, und warf sich vor ihm auf die Erde. Aber Akbar selbst, weit entfernt, davon entzückt zu sein, suchte diese Anbetung nach Kräften zu verhindern und erließ ein förmliches Verbot gegen die im Orient allgemein übliche Sitte der Prostration oder des Niederwerfens auf den Boden bei Gelegenheit der feierlichen, jeden Morgen von ihm ertheilten Audienzen.

Waren die Audienzen vorüber, so widmete Akbar den Haupttheil des Tages den Regierungsgeschäften, in welchen er eine rastlose Thätigkeit entwickelte, während der Abend seiner geistigen Erholung oder der Befriedigung seines tiefen Bedürfnisses nach geistiger Nahrung im Studium von Geschichte, Literatur, Philosophie, Dichtkunst u. s. w. gewidmet war. Je tiefer er in dieses Studium eindrang, um so verhaßter wurde ihm die Theologie, und um so mehr bestrebte er sich, Wissenschaft und Gelehrsamkeit zu pflegen und auszuzeichnen.

Was das Privatleben Akbars angeht, so war er, wie schon bemerkt, von äußerster Mäßigkeit und Genügsamkeit in sinnlichen Genüssen, obgleich die Neigung zum Trunk in der Timuriden=Familie gewissermaßen erblich war und er selbst den großen Schmerz erleben mußte, daß zwei seiner eigenen Söhne an dieser Neigung zu Grunde gingen. Während er auf der einen Seite, wie bereits erwähnt, durch Erlaubniß des Weingenusses dem Islam einen Schlag zu versetzen suchte, suchte er auf der anderen Seite durch polizeiliche Maßregeln der Trunksucht zu steuern. Er selbst begnügte sich mit wenig Wein, kühlenden Sorbets, Milch und Wasser. Im Essen neigte er einigermaßen zum Vegetarianismus und zog pflanzliche Nahrung, namentlich Früchte, dem Fleischgenuß vor.

Ebenso einfach war Akbar in der Kleidung, und der leere Prunk mit kostbaren Kleidern war ihm so verhaßt, daß er eine eigene Kleiderordnung dagegen erließ.

Persönlich wird Akbar als von großer Liebenswürdigkeit, Milde und sanfter Gemüthsart geschildert. Nur sehr ausnahmsweise übermannte ihn eine grausame Gemüthsstimmung, auf welche, wenn er ihr nachgegeben hatte, tiefe Reue zu folgen pflegte. An seinen Kindern hing er mit rührender Liebe und ließ ihnen eine sorgfältige Erziehung geben, welche leider den vielen nachtheiligen Einflüssen, denen schwache, auf dem Throne geborene Charaktere ausgesetzt sind, um so weniger Stand halten konnte, als ihnen, wie es scheint, der gutmüthige Vater zuviel eignen Willen ließ. Sein ältester Sohn Selim, auf welchen nach Akbars Tod die Herrschaft des ungeheuren Reiches überging, war das grade Gegentheil seines ausgezeichneten Vaters, von grausamer, schwelgerischer und abergläubischer Gemüthsart, unduldsam, eitler Herrschsucht fröhnend, den Hindus feindlich, dem Islam und den Ulemas freundlich gesinnt und daher zum alten Orthodoxismus zurückkehrend. Er ließ einmal, wie er selbst in seinen Memoiren ganz naiv erzählt, 700 Empörer auf einmal die entsetzliche Strafe des Pfählens erleiden und schaute dem gräßlichen Schauspiel von dem Dach eines hohen Gebäudes aus mit Wohlgefallen zu. Ja, seine Frechheit ging so weit, daß er sich als Statthalter in Allahabad offen gegen den eignen Vater auflehnte, während dieser gegen Dekhan im Felde lag, und die Herrschaft an sich zu reißen suchte. (1600—1601). Die Verschwörung mißlang, und der Verschwörer — erhielt die Verzeihung des Vaters. Diese Güte lohnte er damit, daß er den ihm tief verhaßten und seinem Vater so theuren Abul Fazl am 12. August 1602 durch heimlich gedungene Mörder umbringen ließ. Wenigstens schreibt man Selim allgemein die Urheberschaft der abscheulichen That zu. Aber die Sache blieb unaufgeklärt und der Mord ungerächt, weil Akbar bei näherer Untersuchung den eignen Sohn zu treffen fürchtete.

Ohne seine Stützen Abul Fazl und Todar-Mal, welcher letztere schon 1590 gestorben war, und ohne einen geeigneten Thronerben, da die beiden anderen Söhne, wie schon erwähnt, durch Trunk zu Grunde gegangen waren, fühlte sich der alternde Kaiser, dessen Gesundheit zu wanken anfing, auf dem Gipfel seines Ruhmes und seiner Erfolge einsam, verlassen und traurig. Wohl dachte er daran, Selim des Thronrechts zu entsetzen und an seiner Stelle seinen Enkel Chosro zum Kronprinzen zu erheben. Aber verschiedene Umstände und des Kaisers Unentschlossenheit ließen den Plan nicht zur Ausführung kommen, und da auch ein Elephantenkampf, welcher gewissermaßen als Gottesgericht zwischen beiden Kronprinzen entscheiden sollte, zu

Gunsten Selims ausfiel, so mußte Akbar, dessen Kraft gebrochen war, wider Willen sehen, wie die Zügel der Regierung in die Hände eines ihm selbst so unähnlichen Sohnes überzugehen bestimmt waren. Sogleich nach jenem Elephantenkampf wurde Akbar von einer Unterleibskrankheit befallen, welche seinem glorreichen, dem Wohle der Menschheit gewidmeten Leben am 15. Oktober 1605 in der marmorprächtigen Audienzhalle zu Agra ein Ziel setzte. Seine Leiche wurde in dem Mausoleum, das er sich selbst bei Sikandra in den Gärten von Bahischtabad in der Nähe Agras errichtet hatte, beigesetzt. Dieses prächtige Grabmal, welches die Ueberreste eines Mannes umschließt, der einzig unter den Menschen seiner Zeit gewesen, steht auch einzig unter den Mausoleen ganz Asiens da und zählt bis auf den heutigen Tag zu den am besten erhaltenen und häufigst besuchten Monumenten Indiens. Prinz Friedrich August zu Schleswig-Holstein, welcher demselben am 28. April 1868 einen Besuch abstattete, vergleicht dasselbe einem Feenschloß aus Tausend und Einer Nacht. In den Räumen, in denen ehedem alltäglich bei Sonnen-Auf- und Untergang zu Ehren des Hingeschiedenen die Töne einer gewaltigen kaiserlichen Musik erklangen, und in denen besonders angestellte Grabeswächter abwechselnd Tag und Nacht beteten und den Koran lasen, wohnt jetzt als Hüter und Beschützer des Denkmals vergangener Größe — ein englischer Sergeant, welcher mit seiner kurzen Stummelpfeife im Mund und dem Ausdruck europäischer Gelassenheit einen eigenthümlichen Gegensatz zu den durch den Anblick des herrlichen Kunstwerks erweckten großartigen Erinnerungen bildet.

Nach Akbars Tode trat der alte, durch ihn beschwichtigte Gegensatz zwischen Eroberern und Eroberten, zwischen Moghulen und Hindus, zwischen Islam und Brahmanenthum wieder in alter Schärfe hervor und führte allmälich zur Zersplitterung und zum Untergang des großen, von ihm gegründeten Weltreichs, dessen Ueberreste zuletzt, wie eine reife Frucht, einer europäischen Handelsgesellschaft in den Schooß fielen. Von seinem großen Schöpfer aber, dessen Andenken bisher von europäischen Geschichtsschreibern viel zu wenig gewürdigt worden ist, kann man nichts Besseres sagen als das, was der englische Oberst Sleeman gesagt hat, indem er Akbar mit Shakespeare vergleicht und bemerkt, daß er ihm unter den Fürsten stets in derselben Weise vorgekommen sei, wie dieser unter den Dichtern; oder auch dasjenige, was der niederländische Verfasser des schönen Romans „Akbar" (deutsch bei Killinger in Leipzig, 1877) auf dessen letzter Seite den edlen Faisi von ihm sagen läßt: „Es haben Fürsten gelebt, die größeren Ruhm in der Welt erlangten, selten aber wird man einen Mächtigen der Erde finden, der inmitten seiner Herrlichkeit so sehr Mensch blieb wie Akbar!"

Dies die in kurzen Rahmen gefaßte Geschichte zweier freigeistig oder freidenkerisch gesinnter Herrscher, welche eine so große Aehnlichkeit besitzen nicht bloß in ihren Ansichten, Strebungen, Charakter-Eigenschaften und Lebensschicksalen, sondern auch in der schließlichen Erfolglosigkeit jener Bestrebungen, soweit sie sich auf Befreiung der Massen von religiösem Aberglauben und von Priester-Herrschaft bezogen. Pessimistisch gesinnte Geister werden wahrscheinlich bereit sein, daraus die betrübende Folgerung zu ziehen, daß derartige Bestrebungen überhaupt nutzlos seien, und daß es für den Einzelnen besser sei, statt sich im vergeblichen Kampfe gegen Dummheit und Unwissenheit aufzureiben, seine bessere Meinung für sich zu behalten — während die Aufklärungs-Enthusiasten das Gegentheil behaupten und an der Hoffnung festhalten werden, daß der endliche Sieg des Lichtes über die Finsterniß ein unausbleiblicher sei. Jedenfalls ist der Gegensatz zwischen unsrem und dem hinter uns liegenden Jahrhundert in freigeistiger Beziehung ein höchst auffallender. Denn während das Freidenkerthum des achtzehnten Jahrhunderts mächtig, angesehen und in den höchsten Kreisen der Gesellschaft allgemein verbreitet war (man denke an Friedrich den Großen, Josef den Zweiten, die Kaiserin Katharina, den französischen Minister Malesherbes u. s. w.), ist es heute grade umgekehrt; und der allgemeinen Reaktion auf politischem Gebiet hat sich diejenige auf geistigem angeschlossen. Frömmelei, Byzantinismus und Streberthum sind herrschend oder zur Modesache geworden, und sogar der Name eines „Freidenkers", welcher im vorigen Jahrhundert ein Ehrenname war, ist heutzutage verpönt oder ein Gegenstand des Spottes. Die großen Höfe sind nicht mehr, wie ehedem, Zufluchtsstätten des Genies und der freien Wissenschaft, von denen das Licht der Aufklärung ausstrahlt, sondern leider oft genug Pflanzstätten der Kriecherei, der Scheinheiligkeit und der Selbstverleugnung. Was uns heute fehlt, sind nicht die Intelligenzen, deren wir genug haben, sondern die Charaktere, welche es wagen, gegenüber dem allgemeinen Druck ihrer Ueberzeugung offnen Ausdruck zu geben; und wenn auch die Freidenker selbst nach Millionen zählen, so zählen doch Diejenigen, welche sich so zu nennen und auf eigne Füße zu stellen den Muth haben, nur nach Hunderten. Es mag an dieser Stelle ununtersucht bleiben, ob dieser eigenthümliche Zustand als naturgemäße Folge jener ewigen Schwankungen von Auf und Ab, von denen uns Welt- und Kulturgeschichte erzählen, angesehen werden muß, oder ob er sich aus der Nachwirkung jener großen französischen Revolution erklären läßt, mit welcher das vergangene Jahrhundert abgeschlossen hat, und welche die Gemüther der Besitzenden und der herrschenden Klassen in einer Weise erschreckt zu haben scheint, daß sie nur in der Rückkehr zur Religion und unter die schützenden Fittiche der Kirche Rettung zu finden glauben. Jedenfalls müßte eine solche Erscheinung im Interesse des Freidenkerthums selbst als sehr betrübend angesehen werden, wenn dasselbe nicht eine reichliche Entschädigung in andrer und höchst wirksamer Weise von Seiten der inzwischen mit Riesenschritten vorangegangenen Wissenschaft, insbesondere der Naturwissenschaft aufzuweisen hätte. Wenn das Freidenkerthum früherer Jahrhunderte sich mehr auf Raisonnement und allgemeine Vernunftgründe stützte, so stützt sich dasjenige der Gegenwart mehr oder weniger auf Wissenschaft und auf sicher erkannte Thatsachen oder Wahrheiten. Die Wissenschaft aber kann nicht abdanken, sie schreitet vielmehr unaufhaltsam voran und mit ihr die Erkenntniß der Wahrheit, welche wohl für eine Zeit lang verleumdet, zurückgedrängt oder verschleiert werden kann, deren Sieg auf die Dauer aber ebenso gewiß, wie es gewiß ist, daß der Tag auf die Nacht folgt. Vielleicht wird das kommende Jahrhundert, von dem uns nur noch ein Jahrzehnt trennt, und welches keinen ähnlichen Schrecken zu überwinden hat, wie das unsrige, in umgekehrter Weise denselben Gegensatz zu dem jetzigen bilden, welcher zwischen diesem und dem vergangenen besteht. Getragen von dieser Hoffnung wird die in diesen Blättern niedergelegte Erinnerung an zwei der größten Geister der Geschichte — wie der Verfasser zu hoffen wagt — eine geistige Erfrischung oder Ermunterung für alle Diejenigen bilden, welche sich ihnen im Empfinden und Denken verwandt fühlen, und welche, wie der Verfasser selbst, an einen ewigen, wenn auch noch so langsamen oder durch zeitweise Rückschritte unterbrochenen Fortschritt glauben.

www.ingramcontent.com/pod-product-compliance
Lightning Source LLC
Chambersburg PA
CBHW020147170426
43199CB00010B/920